이건표의 주역 강의 上

육신六神 이상론二象論

이건표의 주역 강의 上 육신六神 이상론二象論

발행일 2016년 10월 17일

지은이 이 건 표
펴낸이 손 형 국
펴낸곳 (주)북랩
편집인 선일영 편집 이종무, 권유선, 안은찬, 김송이
디자인 이현수, 이정아, 김민하, 한수희 제작 박기성, 황동현, 구성우
마케팅 김회란, 박진관
출판등록 2004. 12. 1(제2012-000051호)
주소 서울시 금천구 가산디지털 1로 168, 우림라이온스밸리 B동 B113, 114호
홈페이지 www.book.co.kr
전화번호 (02)2026-5777 팩스 (02)2026-5747

ISBN 979-11-5987-253-2 04150 979-11-5987-257-0 04150(세트)
979-11-5987-254-9 05150(전자책)

이 도서의 국립중앙도서관 출판예정도서목록(CIP)은 서지정보유통지원시스템 홈페이지(http://seoji.nl.go.kr)와 국가자료공동목록시스템(http://www.nl.go.kr/kolisnet)에서 이용하실 수 있습니다.
(CIP제어번호 : CIP2016024243)

이건표의 주역 강의

육신六神 이상론二象論

이건표 지음

북랩book Lab

들어가는 글

거두절미하고 활용에 대해서만 말하려고 한다.

1년 365일에는 60갑자甲子가 6번이 돌아간다. 봄, 여름, 가을, 겨울에 있어서 봄은 인仁이요. 여름은 의義다. 가을은 예禮를 이르며, 겨울은 지智를 이른다. 이 인의예지仁義禮智의 바탕이 되는 것이 곧 신信이니, 이 신信이 없으면 365일은 허공으로 흩어진다. 신信을 바탕으로 해解를 해야 하는 것이니, 신信만이 있고 해解가 없으면 몸과 마음을 더럽히는 독선적이고, 이기적이면서 지극히 편협偏狹하게 되며, 이해만 하고 진실한 믿음이 없으면 요사妖邪스럽고 바르지 못한 생각이나 바르지 못한 일만을 일으킨다.

1년 365일에 60갑자가 6번 돌아간다 하였으니, 6신六神이라 이름하고 각각의 천간天干마다 6개씩 분류하여 배속配屬시켰다. 때문에 6신이라 이름 붙인 것이고 달리 다른 이름이 있을 수가 없다. 그 분류는 다음과 같다.

갑甲 ⇒ **양**陽

1. 갑자甲子 ⇒ **해중금**海中金 양陽
2. 갑인甲寅 ⇒ **대계수**大溪水 양陽
3. 갑진甲辰 ⇒ **복등화**覆燈火 양陽
4. 갑오甲午 ⇒ **사중금**沙中金 양陽
5. 갑신甲申 ⇒ **천중수**泉中水 양陽
6. 갑술甲戌 ⇒ **산두화**山頭火 양陽

을乙 ⇒ **음**陰

1. 을축乙丑 ⇒ **해중금**海中金 음陰
2. 을묘乙卯 ⇒ **대계수**大溪水 음陰
3. 을사乙巳 ⇒ **복등화**覆燈火 음陰
4. 을미乙未 ⇒ **사중금**沙中金 음陰
5. 을유乙酉 ⇒ **천중수**泉中水 음陰
6. 을해乙亥 ⇒ **산두화**山頭火 음陰

병丙 ⇒ **양**陽

1. 병자丙子 ⇒ **간하수**澗下水 양陽
2. 병인丙寅 ⇒ **노중화**爐中火 양陽
3. 병진丙辰 ⇒ **사중토**沙中土 양陽
4. 병오丙午 ⇒ **천하수**天下水 양陽
5. 병신丙申 ⇒ **산하화**山下火 양陽
6. 병술丙戌 ⇒ **옥상토**屋上土 양陽

정丁 ⇒ **음**陰

1. 정축丁丑 ⇒ **간하수**澗下水 음陰
2. 정묘丁卯 ⇒ **노중화**爐中火 음陰
3. 정사丁巳 ⇒ **사중토**沙中土 음陰
4. 정미丁未 ⇒ **천하수**天下水 음陰
5. 정유丁酉 ⇒ **산하화**山下火 음陰
6. 정해丁亥 ⇒ **옥상토**屋上土 음陰

무戊 ⇒ **양**陽

1. 무자戊子 ⇒ **벽력화**霹靂火 양陽
2. 무인戊寅 ⇒ **성두토**城頭土 양陽
3. 무진戊辰 ⇒ **대림목**大林木 양陽
4. 무오戊午 ⇒ **천상화**天上火 양陽
5. 무신戊申 ⇒ **대역토**大驛土 양陽
6. 무술戊戌 ⇒ **평지목**平地木 양陽

기己 ⇒ **음**陰

1. 기축己丑 ⇒ **벽력화**霹靂火 음陰
2. 기묘己卯 ⇒ **성두토**城頭土 음陰
3. 기사己巳 ⇒ **대림목**大林木 음陰
4. 기미己未 ⇒ **천상화**天上火 음陰
5. 기유己酉 ⇒ **대역토**大驛土 음陰
6. 기해己亥 ⇒ **평지목**平地木 음陰

경庚 ⇒ **양**陽

1. 경자庚子 ⇒ 벽상토壁上土 양陽
2. 경인庚寅 ⇒ 송백목松柏木 양陽
3. 경진庚辰 ⇒ 백납금白鑞金 양陽
4. 경오庚午 ⇒ 노방토路傍土 양陽
5. 경신庚申 ⇒ 석류목石榴木 양陽
6. 경술庚戌 ⇒ 차천금鋥釧金 양陽

신辛 ⇒ **음**陰

1. 신축辛丑 ⇒ 벽상토壁上土 음陰
2. 신묘辛卯 ⇒ 송백목松柏木 음陰
3. 신사辛巳 ⇒ 백납금白鑞金 음陰
4. 신미辛未 ⇒ 노방토路傍土 음陰
5. 신유辛酉 ⇒ 석류목石榴木 음陰
6. 신해辛亥 ⇒ 차천금鋥釧金 음陰

임壬 ⇒ **양**陽

1. 임자壬子 ⇒ 상자목桑柘木 양陽
2. 임인壬寅 ⇒ 금박금金箔金 양陽
3. 임진壬辰 ⇒ 장류수長流水 양陽
4. 임오壬午 ⇒ 양류목楊柳木 양陽
5. 임신壬申 ⇒ 검봉금劍鋒金 양陽
6. 임술壬戌 ⇒ 대해수大海水 양陽

계癸 ⇒ **음**陰

1. 계축癸丑 ⇒ 상자목桑柘木 음陰
2. 계묘癸卯 ⇒ 금박금金箔金 음陰
3. 계사癸巳 ⇒ 장류수長流水 음陰
4. 계미癸未 ⇒ 양류목楊柳木 음陰
5. 계유癸酉 ⇒ 검봉금劍鋒金 음陰
6. 계해癸亥 ⇒ 대해수大海水 음陰

또한 6신六神이라고 덧붙이는 것은 오행五行의 기운마다 6가지의 차등을 두어 공간적空間的인 이법理法을 밝게 한다. 각 오행마다 차등을 두어 동서남북 상하로 큰 기둥을 세우고 공간적인 참된 지혜를 드러낸다. 그 분류는 다음과 같다.

화火의 기운

1. 무오戊午 ⇒ 천상화天上火 양陽　　기미己未 ⇒ 천상화天上火 음陰
2. 무자戊子 ⇒ 벽력화霹靂火 양陽　　기축己丑 ⇒ 벽력화霹靂火 음陰
3. 갑술甲戌 ⇒ 산두화山頭火 양陽　　을해乙亥 ⇒ 산두화山頭火 음陰
4. 병신丙申 ⇒ 산하화山下火 양陽　　정유丁酉 ⇒ 산하화山下火 음陰
5. 병인丙寅 ⇒ 노중화爐中火 양陽　　정묘丁卯 ⇒ 노중화爐中火 음陰
6. 갑진甲辰 ⇒ 복등화覆燈火 양陽　　을사乙巳 ⇒ 복등화覆燈火 음陰

수水의 기운

1. 병오丙午 ⇒ 천하수天下水 양陽　　정미丁未 ⇒ 천하수天下水 음陰
2. 임술壬戌 ⇒ 대해수大海水 양陽　　계해癸亥 ⇒ 대해수大海水 음陰
3. 임진壬辰 ⇒ 장류수長流水 양陽　　계사癸巳 ⇒ 장류수長流水 음陰
4. 갑인甲寅 ⇒ 대계수大溪水 양陽　　을묘乙卯 ⇒ 대계수大溪水 음陰
5. 갑신甲申 ⇒ 천중수泉中水 양陽　　을유乙酉 ⇒ 천중수泉中水 음陰
6. 병자丙子 ⇒ 간하수澗下水 양陽　　정축丁丑 ⇒ 간하수澗下水 음陰

목木의 기운

1. 무진戊辰 ⇒ 대림목大林木 양陽　　기사己巳 ⇒ 대림목大林木 음陰
2. 경인庚寅 ⇒ 송백목松柏木 양陽　　신묘辛卯 ⇒ 송백목松柏木 음陰
3. 임오壬午 ⇒ 양류목楊柳木 양陽　　계미癸未 ⇒ 양류목楊柳木 음陰
4. 무술戊戌 ⇒ 평지목平地木 양陽　　기해己亥 ⇒ 평지목平地木 음陰
5. 경신庚申 ⇒ 석류목石榴木 양陽　　신유辛酉 ⇒ 석류목石榴木 음陰
6. 임자壬子 ⇒ 상자목桑柘木 양陽　　계축癸丑 ⇒ 상자목桑柘木 음陰

금金의 기운

1. 임인壬寅 ⇒ 금박금金箔金 양陽 계묘癸卯 ⇒ 금박금金箔金 음陰
2. 임신壬申 ⇒ 검봉금劍鋒金 양陽 계유癸酉 ⇒ 검봉금劍鋒金 음陰
3. 경진庚辰 ⇒ 백납금白鑞金 양陽 신사辛巳 ⇒ 백납금白鑞金 음陰
4. 갑자甲子 ⇒ 해중금海中金 양陽 을축乙丑 ⇒ 해중금海中金 음陰
5. 경술庚戌 ⇒ 차천금鎈釧金 양陽 신해辛亥 ⇒ 차천금鎈釧金 음陰
6. 갑오甲午 ⇒ 사중금沙中金 양陽 을미乙未 ⇒ 사중금沙中金 음陰

토土의 기운

1. 경오庚午 ⇒ 노방토路傍土 양陽 신미辛未 ⇒ 노방토路傍土 음陰
2. 무신戊申 ⇒ 대역토大驛土 양陽 기유己酉 ⇒ 대역토大驛土 음陰
3. 무인戊寅 ⇒ 성두토城頭土 양陽 기묘己卯 ⇒ 성두토城頭土 음陰
4. 병술丙戌 ⇒ 옥상토屋上土 양陽 정해丁亥 ⇒ 옥상토屋上土 음陰
5. 경자庚子 ⇒ 벽상토壁上土 양陽 신축辛丑 ⇒ 벽상토壁上土 음陰
6. 병진丙辰 ⇒ 사중토沙中土 양陽 정사丁巳 ⇒ 사중토沙中土 음陰

천간天干과 오행五行의 분류를 보면 평면적平面的인 지식이 아닌 지극히 공간적空間的인 지혜임을 알 수가 있고 더하여 각각의 지지地支마다 오행五行을 배속配屬한 것이니, 평면적平面的인 사고방식이 아니라 지극히 공간적空間的인 사고방식인 것을 알 수가 있다. 이는 자연법自然法으로서 주역周易을 바탕으로 이루어진 이론이며, 달리 다른 연유로 인한 논리가 아니다. 또한 건태리진손감간곤乾兌離震巽坎艮坤, 이 팔괘八卦를 바탕으로 양년陽年 4상四象 음년陰年 4상四象, 양월陽月 4상四象 음월陰月

4상四象, 양일陽日 4상四象 음일陰日 4상四象, 양시陽時 4상四象 음시陰時 4상四象으로 분류한다. 곧 연월일시年月日時를 팔괘를 바탕으로 설명하고 이해를 시킨다. 양4상陽四象이라고 하는 것은 양陽에 태양太陽, 양陽에 소음少陰, 양陽에 소양少陽, 양陽에 태음太陰과 음4상陰四象이라고 하는 것은 음陰에 태양太陽, 음陰에 소음少陰, 음陰에 소양少陽, 음陰에 태음太陰을 이른다. 이는 동양철학東洋哲學의 방대하고도 조직적이면서 명확하게 드러내주는 자연법自然法의 진수임을 보여주는 것이다.

지지地支에 오행五行을 배속配屬하여 분류한 것은 다음과 같다.

자子 ⇒ **양**陽

1. 갑자甲子 ⇒ **해중금**海中金 양陽
2. 병자丙子 ⇒ **간하수**澗下水 양陽
3. 무자戊子 ⇒ **벽력화**霹靂火 양陽
4. 경자庚子 ⇒ **벽상토**壁上土 양陽
5. 임자壬子 ⇒ **상자목**桑柘木 양陽

축丑 ⇒ **음**陰

1. 을축乙丑 ⇒ **해중금**海中金 음陰
2. 정축丁丑 ⇒ **간하수**澗下水 음陰
3. 기축己丑 ⇒ **벽력화**霹靂火 음陰
4. 신축辛丑 ⇒ **벽상토**壁上土 음陰
5. 계축癸丑 ⇒ **상자목**桑柘木 음陰

인寅 ⇒ **양**陽

1. 갑인甲寅 ⇒ **대계수**大溪水 양陽
2. 병인丙寅 ⇒ **노중화**爐中火 양陽
3. 무인戊寅 ⇒ **성두토**城頭土 양陽
4. 경인庚寅 ⇒ **송백목**松柏木 양陽
5. 임인壬寅 ⇒ **금박금**金箔金 양陽

묘卯 ⇒ **음**陰

1. 을묘乙卯 ⇒ **대계수**大溪水 음陰
2. 정묘丁卯 ⇒ **노중화**爐中火 음陰
3. 기묘己卯 ⇒ **성두토**城頭土 음陰
4. 신묘辛卯 ⇒ **송백목**松柏木 음陰
5. 계묘癸卯 ⇒ **금박금**金箔金 음陰

진辰 ⇒ **양**陽

1. 갑진甲辰 ⇒ 복등화覆燈火 양陽
2. 병진丙辰 ⇒ 사중토沙中土 양陽
3. 무진戊辰 ⇒ 대림목大林木 양陽
4. 경진庚辰 ⇒ 백납금白鑞金 양陽
5. 임진壬辰 ⇒ 장류수長流水 양陽

사巳 ⇒ **음**陰

1. 을사乙巳 ⇒ 복등화覆燈火 음陰
2. 정사丁巳 ⇒ 사중토沙中土 음陰
3. 기사己巳 ⇒ 대림목大林木 음陰
4. 신사辛巳 ⇒ 백납금白鑞金 음陰
5. 계사癸巳 ⇒ 장류수長流水 음陰

오午 ⇒ **양**陽

1. 갑오甲午 ⇒ 사중금沙中金 양陽
2. 병오丙午 ⇒ 천하수天下水 양陽
3. 무오戊午 ⇒ 천상화天上火 양陽
4. 경오庚午 ⇒ 노방토路傍土 양陽
5. 임오壬午 ⇒ 양류목楊柳木 양陽

미未 ⇒ **음**陰

1. 을미乙未 ⇒ 사중금沙中金 음陰
2. 정미丁未 ⇒ 천하수天下水 음陰
3. 기미己未 ⇒ 천상화天上火 음陰
4. 신미辛未 ⇒ 노방토路傍土 음陰
5. 계미癸未 ⇒ 양류목楊柳木 음陰

신申 ⇒ **양**陽

1. 갑신甲申 ⇒ 천중수泉中水 양陽
2. 병신丙申 ⇒ 산하화山下火 양陽
3. 무신戊申 ⇒ 대역토大驛土 양陽
4. 경신庚申 ⇒ 석류목石榴木 양陽
5. 임신壬申 ⇒ 검봉금劍鋒金 양陽

유酉 ⇒ **음**陰

1. 을유乙酉 ⇒ 천중수泉中水 음陰
2. 정유丁酉 ⇒ 산하화山下火 음陰
3. 기유己酉 ⇒ 대역토大驛土 음陰
4. 신유辛酉 ⇒ 석류목石榴木 음陰
5. 계유癸酉 ⇒ 검봉금劍鋒金 음陰

술戌 **⇒ 양**陽

1. 갑술甲戌 ⇒ **산두화**山頭火 양陽
2. 병술丙戌 ⇒ **옥상토**屋上土 양陽
3. 무술戊戌 ⇒ **평지목**平地木 양陽
4. 경술庚戌 ⇒ **차천금**鎈釧金 양陽
5. 임술壬戌 ⇒ **대해수**大海水 양陽

해亥 **⇒ 음**陰

1. 을해乙亥 ⇒ **산두화**山頭火 음陰
2. 정해丁亥 ⇒ **옥상토**屋上土 음陰
3. 기해己亥 ⇒ **평지목**平地木 음陰
4. 신해辛亥 ⇒ **차천금**鎈釧金 음陰
5. 계해癸亥 ⇒ **대해수**大海水 음陰

눈 밝은 좋은 선생을 만나 바르게 알고 배워서 바르게 활용하기를 바란다.

지금까지 물심양면物心兩面으로 도움을 준 천운학회天運學會 회원들에게 고마움을 표합니다. 일도一道 이석동, 일백一白 한성백, 일우一雨 최용순, 지성智成 이장영 이 네 사람에게 진정 고마움을 전합니다.

2016년 9월 중 치악산 기슭에서
일지一智 **이건표**李健杓 합장배례

차례

육신六神에 대하여

육신六神이라 이름이 붙여진 것은 다른 까닭이 있는 것이 아니다. 곧 각각의 천간天干에 6개의 육십갑자六十甲子가 분명하게 세워져 있기 때문이다. 다음의 차례를 보면 극명하게 보이는 것이 육신六神이라 이름 붙인 연유이다.

갑甲 ⇒ **양**陽

1) 갑자甲子 ⇒ 해중금海中金 양陽
2) 갑인甲寅 ⇒ 대계수大溪水 양陽
3) 갑진甲辰 ⇒ 복등화覆燈火 양陽
4) 갑오甲午 ⇒ 사중금沙中金 양陽
5) 갑신甲申 ⇒ 천중수泉中水 양陽
6) 갑술甲戌 ⇒ 산두화山頭火 양陽

을乙 ⇒ **음**陰

1) 을축乙丑 ⇒ 해중금海中金 음陰
2) 을묘乙卯 ⇒ 대계수大溪水 음陰
3) 을사乙巳 ⇒ 복등화覆燈火 음陰
4) 을미乙未 ⇒ 사중금沙中金 음陰
5) 을유乙酉 ⇒ 천중수泉中水 음陰
6) 을해乙亥 ⇒ 산두화山頭火 음陰

병丙 ⇒ **양**陽

1) 병자丙子 ⇒ 간하수澗下水 양陽
2) 병인丙寅 ⇒ 노중화爐中火 양陽
3) 병진丙辰 ⇒ 사중토沙中土 양陽
4) 병오丙午 ⇒ 천하수天下水 양陽
5) 병신丙申 ⇒ 산하화山下火 양陽
6) 병술丙戌 ⇒ 옥상토屋上土 양陽

정丁 ⇒ **음**陰

1) 정축丁丑 ⇒ 간하수澗下水 음陰
2) 정묘丁卯 ⇒ 노중화爐中火 음陰
3) 정사丁巳 ⇒ 사중토沙中土 음陰
4) 정미丁未 ⇒ 천하수天下水 음陰
5) 정유丁酉 ⇒ 산하화山下火 음陰
6) 정해丁亥 ⇒ 옥상토屋上土 음陰

무戊 ⇒ **양**陽

1) 무자戊子 ⇒ 벽력화霹靂火 양陽
2) 무인戊寅 ⇒ 성두토城頭土 양陽
3) 무진戊辰 ⇒ 대림목大林木 양陽
4) 무오戊午 ⇒ 천상화天上火 양陽
5) 무신戊申 ⇒ 대역토大驛土 양陽
6) 무술戊戌 ⇒ 평지목平地木 양陽

기己 ⇒ **음**陰

1) 기축己丑 ⇒ 벽력화霹靂火 음陰
2) 기묘己卯 ⇒ 성두토城頭土 음陰
3) 기사己巳 ⇒ 대림목大林木 음陰
4) 기미己未 ⇒ 천상화天上火 음陰
5) 기유己酉 ⇒ 대역토大驛土 음陰
6) 기해己亥 ⇒ 평지목平地木 음陰

경庚 ⇒ **양**陽

1) 경자庚子 ⇒ 벽상토壁上土 양陽
2) 경인庚寅 ⇒ 송백목松柏木 양陽
3) 경진庚辰 ⇒ 백납금白鑞金 양陽
4) 경오庚午 ⇒ 노방토路傍土 양陽
5) 경신庚申 ⇒ 석류목石榴木 양陽
6) 경술庚戌 ⇒ 차천금釵釧金 양陽

신辛 ⇒ **음**陰

1) 신축辛丑 ⇒ 벽상토壁上土 음陰
2) 신묘辛卯 ⇒ 송백목松柏木 음陰
3) 신사辛巳 ⇒ 백납금白鑞金 음陰
4) 신미辛未 ⇒ 노방토路傍土 음陰
5) 신유辛酉 ⇒ 석류목石榴木 음陰
6) 신해辛亥 ⇒ 차천금釵釧金 음陰

임壬 ⇒ **양**陽

1) 임자壬子 ⇒ 상자목桑柘木 양陽
2) 임인壬寅 ⇒ 금박금金箔金 양陽
3) 임진壬辰 ⇒ 장류수長流水 양陽
4) 임오壬午 ⇒ 양류목楊柳木 양陽
5) 임신壬申 ⇒ 검봉금劍鋒金 양陽
6) 임술壬戌 ⇒ 대해수大海水 양陽

계癸 ⇒ **음**陰

1) 계축癸丑 ⇒ 상자목桑柘木 음陰
2) 계묘癸卯 ⇒ 금박금金箔金 음陰
3) 계사癸巳 ⇒ 장류수長流水 음陰
4) 계미癸未 ⇒ 양류목楊柳木 음陰
5) 계유癸酉 ⇒ 검봉금劍鋒金 음陰
6) 계해癸亥 ⇒ 대해수大海水 음陰

주역周易을 바탕으로 한 육신六神 조견표

일간日干을 중심으로 한다. 갑일甲日, 을일乙日, 병일丙日, 정일丁日, 무일戊日, 기일己日, 경일庚日, 신일辛日, 임일壬日, 계일癸日을 바탕으로 비견比肩, 겁재劫財, 식신食神, 상관傷官, 편재偏財, 정재正財, 편관偏官, 정관正官, 편인偏印, 인수印綬를 이른다.

육신 \ 일간	갑	을	병	정	무	기	경	신	임	계
비견	갑	을	병	정	무	기	경	신	임	계
겁재	을	갑	정	병	기	무	신	경	계	임
식신	병	정	무	기	경	신	임	계	갑	을
상관	정	병	기	무	신	경	계	임	을	갑

편재	무	기	경	신	임	계	갑	을	병	정
정재	기	무	신	경	계	임	을	갑	정	병
편관	경	신	임	계	갑	을	병	정	무	기
정관	신	경	계	임	을	갑	정	병	기	무
편인	임	계	갑	을	병	정	무	기	경	신
인수	계	임	을	갑	정	병	기	무	신	경

1) 갑일甲日에 갑甲 ⇒ 비견比肩

육신六神으로 보자면 형제이며, 친구이고, 조카, 또 남편의 첩을 이른다. 타고난 성품을 보면 이별, 불화, 고독하고 말로써 다툼이 많으면서 스스로 독립하려는 성격에 자존심만 내세우는 사람이라고 한다. 가족과 함께 하기보다는 스스로 분가하여 산다고 한다. 다음의 육신六神을 들어 그 의미를 되새기자면 확연하게 드러나는 내용이 있음을 알 것이다.

갑일甲日 **⇒ 양**陽

(1) **갑자일**甲子日 ⇒ **해중금**海中金 **양**陽

(2) **갑인일**甲寅日 ⇒ **대계수**大溪水 **양**陽

(3) **갑진일**甲辰日 ⇒ **복등화**覆燈火 **양**陽

갑甲 **⇒ 양**陽

(1) **갑자**甲子 ⇒ **해중금**海中金 **양**陽

(2) **갑인**甲寅 ⇒ **대계수**大溪水 **양**陽

(3) **갑진**甲辰 ⇒ **복등화**覆燈火 **양**陽

(4) **갑오일**甲午日 ⇒ **사중금**沙中金 **양**陽 (4) **갑오**甲午 ⇒ **사중금**沙中金 **양**陽
(5) **갑신일**甲申日 ⇒ **천중수**泉中水 **양**陽 (5) **갑신**甲申 ⇒ **천중수**泉中水 **양**陽
(6) **갑술일**甲戌日 ⇒ **산두화**山頭火 **양**陽 (6) **갑술**甲戌 ⇒ **산두화**山頭火 **양**陽

간략하게 설명하면 다음과 같다.

갑자일甲子日 ⇒ 해중금海中金 양陽과 갑자甲子 ⇒ 해중금海中金 양陽이 들어서면 극단적인 자존심을 내세우고 일찌감치 고향을 떠나 타향살이에 거친 삶을 살아간다. 해외로 이주하기가 쉽고, 어린 나이에 분가하며, 강한 성격으로 인하여 이별이 빠르고 스스로의 고집으로 논쟁을 일삼는다.

갑자일甲子日 ⇒ 해중금海中金 양陽과 갑인甲寅 ⇒ 대계수大溪水 양陽이 들어서면 그래도 수생금水生金이라 맞은 듯도 하지만 갑인일甲寅日의 변덕스러움으로 논쟁이 크게 일어나고 거침없이 스스로를 내세우며, 불화를 조장하면서 의심만을 일으킨다. 만나고 헤어짐을 밥 먹듯이 하면서 스스로를 지극히 피곤하게 만들고 외로우면서 쓸쓸하게 만든다. 금金은 무겁게 가라앉기만 하고 물은 쉼 없이 떠들며 아래로만 내려가면서 따지고 드니 피곤하지 않겠는가.

갑자일甲子日 ⇒ 해중금海中金 양陽과 갑진甲辰 ⇒ 복등화覆燈火 양陽이 들어서면 서로가 극하는 것이라 모든 면에서 들어맞지가 않으며, 매사에 뒤집어엎기를 반복하는 까닭으로 그 삶이 불투명하다.

갑자일甲子日 ⇒ 해중금海中金 양陽과 갑오甲午 ⇒ 사중금沙中金 양陽이 들어서면 겉으로 드러나는 허례허식虛禮虛飾에 몸과 마음을 다하고 위신과 체면만을 생각하면서 허풍과 허세를 떠는 모습이 그리 달갑지만

은 않다.

갑자일甲子日 ⇒ 해중금海中金 양陽과 갑신甲申 ⇒ 천중수泉中水 양陽이 들어서면 무척이나 위하는 듯이 아끼고 보듬어 주지만 스스로의 이익만을 챙기며, 냉정하게 세상사를 돌아보고 스스로를 외롭고 쓸쓸하게 만든다. 매우 계산적이면서 나는 나, 너는 너라는 의식이 강한 까닭에 늘 찬바람이 일면서 거칠다.

갑자일甲子日 ⇒ 해중금海中金 양陽과 갑술甲戌 ⇒ 산두화山頭火 양陽이 들어서면 서로가 서로를 외면하면서 자신마저도 믿지를 못하고 등을 돌린다. 강한 직성으로 인하여 거친 세상사를 살아가지만, 그 똑똑함이 스스로를 외롭고 쓸쓸하게 만든다. 스스로 앞서가는 까닭에 논쟁이 따르며, 이를 피하기 위해 스스로를 합리화시킨다. 때문에 자존심만을 세울 뿐 고독함을 피하지 못한다.

갑인일甲寅日 ⇒ 대계수大溪水 양陽과 갑인甲寅 ⇒ 대계수大溪水 양陽이 들어서면 말만이 앞서면서 요란하고 거침이 없이 밀어붙인다. 의심이 의심의 꼬리를 물며 마지막까지 진을 빼며 결국은 자신의 뜻대로 이끌어 간다.

갑인일甲寅日 ⇒ 대계수大溪水 양陽과 갑진甲辰 ⇒ 복등화覆燈火 양陽이 들어서면 기세등등氣勢等等한 모양새가 서로 엇비슷하지만 복등화覆燈火가 풍전등화風前燈火이며, 그 화禍를 이기지 못하고 서로 상극한다.

갑인일甲寅日 ⇒ 대계수大溪水 양陽과 갑오甲午 ⇒ 사중금沙中金 양陽이 들어서면 수생금水生金이라 하지만 사중금沙中金은 불의 기운이 있어야 이룰 수 있는 것이라, 대계수大溪水의 변덕이 큰 변수로 작용한다. 때때로 사금砂金을 모으면서 부를 축적한다.

갑인일甲寅日 ⇒ 대계수大溪水 양陽과 갑신甲申 ⇒ 천중수泉中水 양陽이 들어서면 물과 물이 만나 좋다고 하지만 대계수大溪水는 역동적이며 변화가 심하고 천중수泉中水는 감정적이기보다는 이성적 판단이 앞서는 까닭으로 서로의 논점이 제각각이라 다툼이 심하다.

갑인일甲寅日 ⇒ 대계수大溪水 양陽과 갑술甲戌 ⇒ 산두화山頭火 양陽이 들어서면 물은 아래로 불은 위로 향하는 기운이라 서로 상관하지 않지만, 서로가 제 잘난 멋에 서로 등을 돌린다. 결국 서로 간섭하기를 싫어하는 까닭으로 고독한 것은 당연하다. 그러면서도 서로 그리워만 한다.

갑오일甲午日 ⇒ 사중금沙中金 양陽과 갑오甲午 ⇒ 사중금沙中金 양陽이 들어서면 죽이 맞은 까닭으로 겉치레 허례허식虛禮虛飾, 겉으로 드러나는 제 모습에 몸과 마음을 다하는 어리석음을 범한다. 분위기에 휩쓸리는 성격으로 한순간에 나락으로 떨어진다.

갑오일甲午日 ⇒ 사중금沙中金 양陽과 갑신甲申 ⇒ 천중수泉中水 양陽이 들어서면 그래도 이성적인 까닭에 제 앞가림을 하지만 겉치레를 버리지 못하고 스스로를 합리화시키면서 제 분위기에 빠진다.

갑오일甲午日 ⇒ 사중금沙中金 양陽과 갑술甲戌 ⇒ 산두화山頭火 양陽이 들어서면 스스로를 질책하면서 노력을 하지만 타고난 운명을 어찌하지 못하고 스스로의 타고난 성품으로 돌아간다.

갑신일甲申日 ⇒ 천중수泉中水 양陽과 갑신甲申 ⇒ 천중수泉中水 양陽이 들어서면 극단적極端的으로 이성적이며, 지극히 계산적이고 자신 밖에 모르는 독선적인 면을 보인다. 철저하게 스스로를 위장하고 솔직하게 자기 것을 챙기면서 냉정함을 보인다.

갑신일甲申日 ⇒ 천중수泉中水 양陽과 갑술甲戌 ⇒ 산두화山頭火 양陽이 들어서면 천중수泉中水의 기운은 제 앞가림에 능한 기운이고 산두화山頭火는 멀리 내다보는 선각자先覺者의 기운이라 제대로 깨우쳐 안다면 많은 사람을 거느린다. 천중수泉中水는 냉정하고 계산적計算的이며, 산두화山頭火는 명리名利를 버리는 까닭으로 논쟁이 심하다.

갑술일甲戌日 ⇒ 산두화山頭火 양陽과 갑술甲戌 ⇒ 산두화山頭火 양陽이 들어서면 앞을 내다보는 지혜나 현명함이 남보다 앞서고 명분만 선다면 목숨도 아끼지 않는다. 그 좋은 머리로 인도자引導者로서의 길을 가는 선지자先知者이다.

조합하기에 따라 무수無數하지만 간략하게 설명한다. 중요한 것은 이는 6신六神 2상론二象論일 뿐이며, 6신六神 4상론四象論, 6신六神 8상론八象論으로 가면 더욱 세밀해지고 선명해진다.

예를 들면 이렇다. 6신六神 4상론四象論, 6신六神 8상론八象論을 예로 든다. 모든 논리는 주역周易을 바탕으로 이루어진다.

6신六神 **4상론**四象論

갑자일甲子日 ⇒ 해중금海中金 양陽과 갑인일甲寅日 ⇒ 대계수大溪水 양陽의 조합은 다음과 같다.

1) 갑자일甲子日 ⇒ 해중금海中金 태양太陽

2) 갑자일甲子日 ⇒ 해중금海中金 소음少陰

3) 갑자일甲子日 ⇒ 해중금海中金 소양少陽

4) 갑자일甲子日 ⇒ 해중금海中金 태음太陰

1) 갑인일甲寅日 ⇒ 대계수大溪水 태양太陽

2) 갑인일甲寅日 ⇒ 대계수大溪水 소음少陰

3) 갑인일甲寅日 ⇒ 대계수大溪水 소양少陽

4) 갑인일甲寅日 ⇒ 대계수大溪水 태음太陰의 조합은 이렇다.

(1) 갑자일甲子日 ⇒ 해중금海中金 태양太陽

갑인일甲寅日 ⇒ 대계수大溪水 태양太陽

(2) 갑자일甲子日 ⇒ 해중금海中金 태양太陽

갑인일甲寅日 ⇒ 대계수大溪水 소음少陰

(3) 갑자일甲子日 ⇒ 해중금海中金 태양太陽

갑인일甲寅日 ⇒ 대계수大溪水 소양少陽

(4) 갑자일甲子日 ⇒ 해중금海中金 태양太陽

갑인일甲寅日 ⇒ 대계수大溪水 태음太陰

(5) 갑자일甲子日 ⇒ 해중금海中金 소음少陰

갑인일甲寅日 ⇒ 대계수大溪水 태양太陽

(6) 갑자일甲子日 ⇒ 해중금海中金 소음少陰

갑인일甲寅日 ⇒ 대계수大溪水 소음少陰

(7) 갑자일甲子日 ⇒ 해중금海中金 소음少陰

갑인일甲寅日 ⇒ 대계수大溪水 소양少陽

(8) 갑자일甲子日 ⇒ 해중금海中金 소음少陰

갑인일甲寅日 ⇒ 대계수大溪水 태음太陰

(9) 갑자일甲子日 ⇒ 해중금海中金 소양少陽

갑인일甲寅日 ⇒ 대계수大溪水 태양太陽

(10) 갑자일甲子日 ⇒ 해중금海中金 소양少陽

갑인일甲寅日 ⇒ 대계수大溪水 소음少陰

(11) 갑자일甲子日 ⇒ 해중금海中金 소양少陽

갑인일甲寅日 ⇒ 대계수大溪水 소양少陽

(12) 갑자일甲子日 ⇒ 해중금海中金 소양少陽

갑인일甲寅日 ⇒ 대계수大溪水 태음太陰

(13) 갑자일甲子日 ⇒ 해중금海中金 태음太陰

갑인일甲寅日 ⇒ 대계수大溪水 태양太陽

(14) 갑자일甲子日 ⇒ 해중금海中金 태음太陰

갑인일甲寅日 ⇒ 대계수大溪水 소음少陰

(15) 갑자일甲子日 ⇒ 해중금海中金 태음太陰

갑인일甲寅日 ⇒ 대계수大溪水 소양少陽

(16) 갑자일甲子日 ⇒ 해중금海中金 태음太陰

갑인일甲寅日 ⇒ 대계수大溪水 태음太陰이다.

모든 육신六神 4상론四象論이 이러하며 육신六神 8상론八象論 또한 이러하다. 중급中級이나 고급에서 다루어야 할 일이기에 여기서 줄인다.

6신六神 **8상론**八象論

갑자일甲子日 ⇒ 해중금海中金 양陽과 갑인일甲寅日 ⇒ 대계수大溪水 양陽의 조합은 다음과 같다.

1) 갑자일甲子日 ⇒ 해중금海中金 양陽 태양太陽

2) 갑자일甲子日 ⇒ 해중금海中金 양陽 소음少陰

3) 갑자일甲子日 ⇒ 해중금海中金 양陽 소양少陽

4) 갑자일甲子日 ⇒ 해중금海中金 양陽 태음太陰

5) 갑자일甲子日 ⇒ 해중금海中金 음陰 태양太陽

6) 갑자일甲子日 ⇒ 해중금海中金 음陰 소음少陰

7) 갑자일甲子日 ⇒ 해중금海中金 음陰 소양少陽

8) 갑자일甲子日 ⇒ 해중금海中金 음陰 태음太陰

1) 갑인일甲寅日 ⇒ 대계수大溪水 양陽 태양太陽

2) 갑인일甲寅日 ⇒ 대계수大溪水 양陽 소음少陰

3) 갑인일甲寅日 ⇒ 대계수大溪水 양陽 소양少陽

4) 갑인일甲寅日 ⇒ 대계수大溪水 양陽 태음太陰

5) 갑인일甲寅日 ⇒ 대계수大溪水 음陰 태양太陽

6) 갑인일甲寅日 ⇒ 대계수大溪水 음陰 소음少陰

7) 갑인일甲寅日 ⇒ 대계수大溪水 음陰 소양少陽

8) 갑인일甲寅日 ⇒ 대계수大溪水 음陰 태음太陰의 조합은 다음과 같다.

(1) 갑자일甲子日 ⇒ 해중금海中金 양陽 태양太陽

갑인일甲寅日 ⇒ 대계수大溪水 양陽 태양太陽

(2) 갑자일甲子日 ⇒ 해중금海中金 양陽 태양太陽

갑인일甲寅日 ⇒ 대계수大溪水 양陽 소음少陰

(3) 갑자일甲子日 ⇒ 해중금海中金 양陽 태양太陽

갑인일甲寅日 ⇒ 대계수大溪水 양陽 소양少陽

(4) 갑자일甲子日 ⇒ 해중금海中金 양陽 태양太陽

갑인일甲寅日 ⇒ 대계수大溪水 양陽 태음太陰

(5) 갑자일甲子日 ⇒ 해중금海中金 양陽 태양太陽

갑인일甲寅日 ⇒ 대계수大溪水 음陰 태양太陽

(6) 갑자일甲子日 ⇒ 해중금海中金 양陽 태양太陽

갑인일甲寅日 ⇒ 대계수大溪水 음陰 소음少陰

(7) 갑자일甲子日 ⇒ 해중금海中金 양陽 태양太陽

갑인일甲寅日 ⇒ 대계수大溪水 음陰 소양少陽

(8) 갑자일甲子日 ⇒ 해중금海中金 양陽 태양太陽

갑인일甲寅日 ⇒ 대계수大溪水 음陰 태음太陰

(9) 갑자일甲子日 ⇒ 해중금海中金 양陽 소음少陰

갑인일甲寅日 ⇒ 대계수大溪水 양陽 태양太陽

(10) 갑자일甲子日 ⇒ 해중금海中金 양陽 소음少陰

갑인일甲寅日 ⇒ 대계수大溪水 양陽 소음少陰

(11) 갑자일甲子日 ⇒ 해중금海中金 양陽 소음少陰

갑인일甲寅日 ⇒ 대계수大溪水 양陽 소양少陽

(12) 갑자일甲子日 ⇒ 해중금海中金 양陽 소음少陰

갑인일甲寅日 ⇒ 대계수大溪水 양陽 태음太陰

(13) 갑자일甲子日 ⇒ 해중금海中金 양陽 소음少陰

갑인일甲寅日 ⇒ 대계수大溪水 음陰 태양太陽

(14) 갑자일甲子日 ⇒ 해중금海中金 양陽 소음少陰

갑인일甲寅日 ⇒ 대계수大溪水 음陰 소음少陰

(15) 갑자일甲子日 ⇒ 해중금海中金 양陽 소음少陰

갑인일甲寅日 ⇒ 대계수大溪水 음陰 소양少陽

(16) 갑자일甲子日 ⇒ 해중금海中金 양陽 소음少陰

갑인일甲寅日 ⇒ 대계수大溪水 음陰 태음太陰

(17) 갑자일甲子日 ⇒ 해중금海中金 양陽 소양少陽

갑인일甲寅日 ⇒ 대계수大溪水 양陽 태양太陽

(18) 갑자일甲子日 ⇒ 해중금海中金 양陽 소양少陽

갑인일甲寅日 ⇒ 대계수大溪水 양陽 소음少陰

(19) 갑자일甲子日 ⇒ 해중금海中金 양陽 소양少陽

갑인일甲寅日 ⇒ 대계수大溪水 양陽 소양少陽

(20) 갑자일甲子日 ⇒ 해중금海中金 양陽 소양少陽

갑인일甲寅日 ⇒ 대계수大溪水 양陽 태음太陰

(21) 갑자일甲子日 ⇒ 해중금海中金 양陽 소양少陽

갑인일甲寅日 ⇒ 대계수大溪水 음陰 태양太陽

(22) 갑자일甲子日 ⇒ 해중금海中金 양陽 소양少陽

갑인일甲寅日 ⇒ 대계수大溪水 음陰 소음少陰

(23) 갑자일甲子日 ⇒ 해중금海中金 양陽 소양少陽

갑인일甲寅日 ⇒ 대계수大溪水 음陰 소양少陽

(24) 갑자일甲子日 ⇒ 해중금海中金 양陽 소양少陽

갑인일甲寅日 ⇒ 대계수大溪水 음陰 태음太陰

(25) 갑자일甲子日 ⇒ 해중금海中金 양陽 태음太陰

갑인일甲寅日 ⇒ 대계수大溪水 양陽 태양太陽

(26) 갑자일甲子日 ⇒ 해중금海中金 양陽 태음太陰

갑인일甲寅日 ⇒ 대계수大溪水 양陽 소음少陰

(27) 갑자일甲子日 ⇒ 해중금海中金 양陽 태음太陰

갑인일甲寅日 ⇒ 대계수大溪水 양陽 소양少陽

(28) 갑자일甲子日 ⇒ 해중금海中金 양陽 태음太陰

갑인일甲寅日 ⇒ 대계수大溪水 양陽 태음太陰

(29) 갑자일甲子日 ⇒ 해중금海中金 양陽 태음太陰

갑인일甲寅日 ⇒ 대계수大溪水 음陰 태양太陽

(30) 갑자일甲子日 ⇒ 해중금海中金 양陽 태음太陰

갑인일甲寅日 ⇒ 대계수大溪水 음陰 소음少陰

(31) 갑자일甲子日 ⇒ 해중금海中金 양陽 태음太陰

갑인일甲寅日 ⇒ 대계수大溪水 음陰 소양少陽

(32) 갑자일甲子日 ⇒ 해중금海中金 양陽 태음太陰

갑인일甲寅日 ⇒ 대계수大溪水 음陰 태음太陰

(33) 갑자일甲子日 ⇒ 해중금海中金 음陰 태양太陽

갑인일甲寅日 ⇒ 대계수大溪水 양陽 태양太陽

(34) 갑자일甲子日 ⇒ 해중금海中金 음陰 태양太陽

갑인일甲寅日 ⇒ 대계수大溪水 양陽 소음少陰

(35) 갑자일甲子日 ⇒ 해중금海中金 음陰 태양太陽

갑인일甲寅日 ⇒ 대계수大溪水 양陽 소양少陽

(36) 갑자일甲子日 ⇒ 해중금海中金 음陰 태양太陽

갑인일甲寅日 ⇒ 대계수大溪水 양陽 태음太陰

(37) 갑자일甲子日 ⇒ 해중금海中金 음陰 태양太陽

갑인일甲寅日 ⇒ 대계수大溪水 음陰 태양太陽

(38) 갑자일甲子日 ⇒ 해중금海中金 음陰 태양太陽

갑인일甲寅日 ⇒ 대계수大溪水 음陰 소음少陰

(39) 갑자일甲子日 ⇒ 해중금海中金 음陰 태양太陽

갑인일甲寅日 ⇒ 대계수大溪水 음陰 소양少陽

(40) 갑자일甲子日 ⇒ 해중금海中金 음陰 태양太陽

갑인일甲寅日 ⇒ 대계수大溪水 음陰 태음太陰

(41) 갑자일甲子日 ⇒ 해중금海中金 음陰 소음少陰

갑인일甲寅日 ⇒ 대계수大溪水 양陽 태양太陽

(42) 갑자일甲子日 ⇒ 해중금海中金 음陰 소음少陰

갑인일甲寅日 ⇒ 대계수大溪水 양陽 소음少陰

(43) 갑자일甲子日 ⇒ 해중금海中金 음陰 소음少陰

갑인일甲寅日 ⇒ 대계수大溪水 양陽 소양少陽

(44) 갑자일甲子日 ⇒ 해중금海中金 음陰 소음少陰

갑인일甲寅日 ⇒ 대계수大溪水 양陽 태음太陰

(45) 갑자일甲子日 ⇒ 해중금海中金 음陰 소음少陰

갑인일甲寅日 ⇒ 대계수大溪水 음陰 태양太陽

(46) 갑자일甲子日 ⇒ 해중금海中金 음陰 소음少陰

갑인일甲寅日 ⇒ 대계수大溪水 음陰 소음少陰

(47) 갑자일甲子日 ⇒ 해중금海中金 음陰 소음少陰

갑인일甲寅日 ⇒ 대계수大溪水 음陰 소양少陽

(48) 갑자일甲子日 ⇒ 해중금海中金 음陰 소음少陰

갑인일甲寅日 ⇒ 대계수大溪水 음陰 태음太陰

(49) 갑자일甲子日 ⇒ 해중금海中金 음陰 소양少陽

갑인일甲寅日 ⇒ 대계수大溪水 양陽 태양太陽

(50) 갑자일甲子日 ⇒ 해중금海中金 음陰 소양少陽
갑인일甲寅日 ⇒ 대계수大溪水 양陽 소음少陰
(51) 갑자일甲子日 ⇒ 해중금海中金 음陰 소양少陽
갑인일甲寅日 ⇒ 대계수大溪水 양陽 소양少陽
(52) 갑자일甲子日 ⇒ 해중금海中金 음陰 소양少陽
갑인일甲寅日 ⇒ 대계수大溪水 양陽 태음太陰
(53) 갑자일甲子日 ⇒ 해중금海中金 음陰 소양少陽
갑인일甲寅日 ⇒ 대계수大溪水 음陰 태양太陽
(54) 갑자일甲子日 ⇒ 해중금海中金 음陰 소양少陽
갑인일甲寅日 ⇒ 대계수大溪水 음陰 소음少陰
(55) 갑자일甲子日 ⇒ 해중금海中金 음陰 소양少陽
갑인일甲寅日 ⇒ 대계수大溪水 음陰 소양少陽
(56) 갑자일甲子日 ⇒ 해중금海中金 음陰 소양少陽
갑인일甲寅日 ⇒ 대계수大溪水 음陰 태음太陰
(57) 갑자일甲子日 ⇒ 해중금海中金 음陰 태음太陰
갑인일甲寅日 ⇒ 대계수大溪水 양陽 태양太陽
(58) 갑자일甲子日 ⇒ 해중금海中金 음陰 태음太陰
갑인일甲寅日 ⇒ 대계수大溪水 양陽 소음少陰
(59) 갑자일甲子日 ⇒ 해중금海中金 음陰 태음太陰
갑인일甲寅日 ⇒ 대계수大溪水 양陽 소양少陽
(60) 갑자일甲子日 ⇒ 해중금海中金 음陰 태음太陰
갑인일甲寅日 ⇒ 대계수大溪水 양陽 태음太陰
(61) 갑자일甲子日 ⇒ 해중금海中金 음陰 태음太陰

갑인일甲寅日 ⇒ 대계수大溪水 음陰 태양太陽

(62) 갑자일甲子日 ⇒ 해중금海中金 음陰 태음太陰

갑인일甲寅日 ⇒ 대계수大溪水 음陰 소음少陰

(63) 갑자일甲子日 ⇒ 해중금海中金 음陰 태음太陰

갑인일甲寅日 ⇒ 대계수大溪水 음陰 소양少陽

(64) 갑자일甲子日 ⇒ 해중금海中金 음陰 태음太陰

갑인일甲寅日 ⇒ 대계수大溪水 음陰 태음太陰이다.

육신六神 8상론八象論 또한 이러하다. 고급에서 다루어야 할 일이기에 여기서 줄인다. 주역周易에 대해 밝게 알고 바르게 공부한 스승을 만나 참구參究해야 할 것이다. 이를 두고 주역을 통변通變한다고 이른다.

2) 갑일甲日에 을乙 ⇒ 겁재劫財

육신六神으로 보자면 배가 다른 형제나 친형제, 남편의 첩을 이른다. 타고난 성품을 들자면 오만 불손하며, 교만하고 투쟁을 일삼으며, 투기 등으로 인하여 파산에 이른다고 한다. 또한 야망이 크고 부부가 서로 상극相剋하고 화합和合하지 못한다고 한다.

갑일甲日 **⇒ 양**陽

(1) 갑자일甲子 ⇒ **해중금**海中金 **양**陽

(2) 갑인일甲寅 ⇒ **대계수**大溪水 **양**陽

을乙 **⇒ 음**陰

(1) 을축乙丑 ⇒ **해중금**海中金 **음**陰

(2) 을묘乙卯 ⇒ **대계수**大溪水 **음**陰

(3) 갑진일甲辰 ⇒ 복등화覆燈火 양陽 (3) 을사乙巳 ⇒ 복등화覆燈火 음陰

(4) 갑오일甲午 ⇒ 사중금沙中金 양陽 (4) 을미乙未 ⇒ 사중금沙中金 음陰

(5) 갑신일甲申 ⇒ 천중수泉中水 양陽 (5) 을유乙酉 ⇒ 천중수泉中水 음陰

(6) 갑술일甲戌 ⇒ 산두화山頭火 양陽 (6) 을해乙亥日>산두화山頭火 음陰

간략하게 설명하면 다음과 같다.

갑자일甲子 ⇒ 해중금海中金 양陽과 을축乙丑 ⇒ 해중금海中金 음陰이 들어서면 거친 해중금海中金이 음양陰陽으로 쌍전雙全해서 종잡을 수가 없다. 그런 듯 아닌 듯 거칠게만 몰아치면서 무던하게 묵묵히 가는 모습이 그리 좋은 모양새는 아니다.

갑자일甲子 ⇒ 해중금海中金 양陽과 을묘乙卯 ⇒ 대계수大溪水 음陰이 들어서면 열심히 소금기를 닦아주지만 모든 것이 헛수고가 아닌가. 수생금水生金이라 음양陰陽이 맞는다고 이르지만 물의 기운이 매우 벅차다.

갑자일甲子 ⇒ 해중금海中金 양陽과 을사乙巳 ⇒ 복등화覆燈火 음陰이 들어서면 성에 차지 않은 등잔불의 잔소리에 금金의 기운이 흐트러지고 화火만 일으킨다. 어둠 하나 제대로 밝히지 못하고 불평불만不平不滿만이 가득한 더부룩한 뱃속과 같다. 이건 먹을 때마다 소화불량消化不良이다.

갑자일甲子 ⇒ 해중금海中金 양陽과 을미乙未 ⇒ 사중금沙中金 음陰이 들어서면 죽어라 일을 해도 남은 것이 없고 어디로 새는지 재산이 흩어진다. 거칠게 몰아붙인 숨에 금가루가 날리면서 눈이 흐려지는 것이다.

갑자일甲子 ⇒ 해중금海中金 양陽과 을유乙酉 ⇒ 천중수泉中水 음陰이 들어서면 말이 없음에 가슴만 답답해지고 고릴라처럼 제 가슴을 두드리며 한 세월을 보낸다. 거친 숨소리에 새가슴은 무섭게 뛰고 기억에도 없는 일을 기억하려고 노력한다. 몸은 따르는데 생각이 따르지 않는다.

갑자일甲子 ⇒ 해중금海中金 양陽과 을해乙亥 ⇒ 산두화山頭火 음陰이 들어서면 서로가 그리워하면서도 경원시敬遠示한다. 멀리 떨어져 살아야 하는 인생이다. 아둔함이 잘못되면 배는 좌초坐礁가 되는 것이니, 늘 삼가고 삼가야 한다.

갑인일甲寅 ⇒ 대계수大溪水 양陽과 을묘乙卯 ⇒ 대계수大溪水 음陰이 들어서면 변덕스러운 성격은 말할 것도 없고 아닌 듯 내숭을 떨면서 제할 짓은 다한다. 의부, 의처증이 발동을 하면 끝을 모르고 스스로를 망친다. 음양陰陽으로 함께 가는바, 그 변덕이 이루 말할 수 없다.

갑인일甲寅 ⇒ 대계수大溪水 양陽과 을사乙巳 ⇒ 복등화覆燈火 음陰이 들어서면 막무가내로 몰아치는 큰 계곡물로 인하여 작은 등불이 아둔해지고 늘 바람 앞에 작은 불꽃으로 애처롭다. 그러나 앞뒤 가리지 않고 뒤집어엎은 그 못된 성질로 말미암아 파란波瀾이 심하다.

갑인일甲寅 ⇒ 대계수大溪水 양陽과 을미乙未 ⇒ 사중금沙中金 음陰이 들어서면 재산을 불리면서 제 배만 채우고 주변을 돌아보지 않으며 걷치레에 몸과 마음을 다하는 까닭으로 식구도 잃고 친구도 잃는다.

갑인일甲寅 ⇒ 대계수大溪水 양陽과 을유乙酉 ⇒ 천중수泉中水 음陰이 들어서면 거침이 없으면서도 제 잇속을 챙기기에 바쁘고 챙긴다 하더라도 꼭 잃고 마는 바보다. 사람들과 어울리는 일에 몸과 마음을 다하지만 내가 있을 때일 뿐 늘 남이 아니던가.

갑인일甲寅 ⇒ 대계수大溪水 양陽과 을해乙亥 ⇒ 산두화山頭火 음陰이 들어서면 사람을 멀리하고 혼자만 놀기 좋아하며, 아둔함에 스스로 답답도 하겠지만 늘 마음의 여유를 갖지 못하고 바쁘기만 하다. 똑똑한 척 하지만 지극히 아둔한 머리다.

갑진일甲辰 ⇒ 복등화覆燈火 양陽과 을사乙巳 ⇒ 복등화覆燈火 음陰이 들어서면 사람 뒤통수치기를 밥 먹듯이 하고 등잔 밑이 어둡다는 것을 모르고 모든 잘못이나 허물을 남 탓으로 돌린다.

갑진일甲辰 ⇒ 복등화覆燈火 양陽과 을미乙未 ⇒ 사중금沙中金 음陰이 들어서면 등불에 비친 모래 가운데의 금이 빛나는 것처럼 늘 착각 속에 살아가고 그 세상이 다인 것처럼 어리석게 군다. 허황된 꿈을 꾸면서 시간을 죽이는 맹랑한 세월이다.

갑진일甲辰 ⇒ 복등화覆燈火 양陽과 을유乙酉 ⇒ 천중수泉中水 음陰이 들어서면 어두운 우물을 비춰주지만, 때에 따라 달라지는 마음으로 인하여 짜증만을 더한다. 이성적 판단이 앞서기보다는 지극히 감정적으로 가기 때문에 주변을 지치게 만든다.

갑진일甲辰 ⇒ 복등화覆燈火 양陽과 을해乙亥 ⇒ 산두화山頭火 음陰이 들어서면 되지도 않은 말로써 가르치는 까닭에 잔소리만 하게 된다. 작은 마음 그릇으로 세상을 담으려고 발버둥 치지만 스스로의 어리석음이 발목을 잡는다.

갑오일甲午 ⇒ 사중금沙中金 양陽과 을미乙未 ⇒ 사중금沙中金 음陰이 들어서면 매사에 기고만장氣高萬丈이다. 겉치레에 몸과 마음을 다하고 제 분수를 지키지 못하면서 집안을 망하게 하고 스스로의 잘못이나 허물을 모른 체 모든 원망을 주변이나 세상에 퍼붓는다.

갑오일甲午 ⇒ 사중금沙中金 양陽과 을유乙酉 ⇒ 천중수泉中水 음陰이 들어서면 몸과 마음을 다한 스스로의 겉모습에 감탄을 하면서 참으로 어리석게 군다. 스스로가 똑똑하고 이성적인 것처럼 굴지만 사실 지극히 겉만 번지르르한 속 빈 강정이다.

갑오일甲午 ⇒ 사중금沙中金 양陽과 을해乙亥 ⇒ 산두화山頭火 음陰이 들어서면 스스로의 어리석음으로 자신의 허물이나 잘못을 보지 못하고 겉으로 드러난 화려한 모습에 휩쓸려간다. 활활 타오르는 불길로 몸을 던지는 불나방과 같은 것이니, 결국 스스로를 망치고 만다.

갑신일甲申 ⇒ 천중수泉中水 양陽과 을유乙酉 ⇒ 천중수泉中水 음陰이 들어서면 스스로의 이성적인 판단으로 제 앞가림에 능하지만 자신의 머리만을 믿고 타인의 의견을 존중하지 않기 때문에 제 꾀 스스로가 넘어간다.

갑신일甲申 ⇒ 천중수泉中水 양陽과 을해乙亥 ⇒ 산두화山頭火 음陰이 들어서면 냉정한 마음으로 매사에 신중을 기하지만 단 한순간의 어리석음으로 스스로를 외롭게 만들면서 자신을 고립시킨다. 똑똑한 척하지만 지극히 맹한 구석을 지니고 있다.

갑술일甲戌 ⇒ 산두화山頭火 양陽과 을해乙亥 ⇒ 산두화山頭火 음陰이 들어서면 홀로 강하고 세상을 오시傲視하며 명분을 바로 세우고 선구자先驅者의 길을 나선다. 직성이 강하고 세상사를 깊게 바라보면서 바르게 판단하는 좋은 머리를 가지고 있다.

3) 갑일甲日에 병丙 ⇒ 식신食神

육신六神으로 남자는 장인이나 장모, 조카와 손자를 의미하고 여자는 자식이나 조카 친정 조카를 의미한다고 한다. 타고난 성품을 설명하자면 의식주 등이 풍족하고 소득이 많으며, 자산가에다가 직분도 좋다고 한다. 또한 모든 생활이 윤택하다 이른다. 그러나 풍류風流와 색정色情을 조심해야 한다고 이른다.

갑일甲日 ⇒ **양**陽	**병**丙 ⇒ **양**陽
(1) 갑자일甲子 ⇒ 해중금海中金 양陽	(1) 병자丙子 ⇒ 간하수澗下水 양陽
(2) 갑인일甲寅 ⇒ 대계수大溪水 양陽	(2) 병인丙寅 ⇒ 노중화爐中火 양陽
(3) 갑진일甲辰 ⇒ 복등화覆燈火 양陽	(3) 병진丙辰 ⇒ 사중토沙中土 양陽
(4) 갑오일甲午 ⇒ 사중금沙中金 양陽	(4) 병오丙午 ⇒ 천하수天下水 양陽
(5) 갑신일甲申 ⇒ 천중수泉中水 양陽	(5) 병신丙申 ⇒ 산하화山下火 양陽
(6) 갑술일甲戌 ⇒ 산두화山頭火 양陽	(6) 병술丙戌 ⇒ 옥상토屋上土 양陽

간략하게 설명하면 다음과 같다.

갑자일甲子 ⇒ 해중금海中金 양陽과 병자丙子 ⇒ 간하수澗下水 양陽이 들어서면 해중금海中金의 무거움에 가벼운 간하수澗下水가 언짢아 보이고 간하수澗下水의 찡얼거림에 해중금海中金이 화만 난다. 간하수澗下水야 편하게 산다지만 해중금의 노고는 누가 풀어주겠는가.

갑자일甲子 ⇒ 해중금海中金 양陽과 병인丙寅 ⇒ 노중화爐中火 양陽이 들어서면 바다 가운데서 큰 힘을 들여 금金을 녹여내는 일이니, 이 일이

얼마나 고되고 힘들겠는가. 그래도 육신거리는 육신을 이끌고 늘 밖으로 나선다.

갑자일甲子 ⇒ 해중금海中金 양陽과 병진丙辰 ⇒ 사중토沙中土 양陽이 들어서면 삶의 고된 무게도 무게지만 모래밭을 걷은 그 힘겨움은 말로 표현 못 한다. 버는 만큼 더 많이 새나가는 재물이라 육신의 고단함은 이루 말할 수 없다.

갑자일甲子 ⇒ 해중금海中金 양陽과 병오丙午 ⇒ 천하수天下水 양陽이 들어서면 서로 죽이 맞은 까닭으로 때에 따라 얻는 것이 풍족하고 베푸는 일도 넓게 가진다. 마음이 자비롭고 넉넉하며, 거친 숨소리지만 그 손길만은 따뜻하다. 다만 한 번의 인연보다는 헤어진 후에 새로운 인연이라야 크게 형통한다.

갑자일甲子 ⇒ 해중금海中金 양陽과 병신丙申 ⇒ 산하화山下火 양陽이 들어서면 재물을 크게 모으고 지극히 현실적이며 한번 흥興하면 크게 흥하고 망亡하면 한 번에 망한다. 그래도 오뚝이처럼 다시 시작하는 밑바탕의 힘이 크다.

갑자일甲子 ⇒ 해중금海中金 양陽과 병술丙戌 ⇒ 옥상토屋上土 양陽이 들어서면 극과 극으로 치닫는 일들이 벌어지고 위아래 없이 거칠게 밀어붙이는 까닭으로 사람들과 멀어지고 서로 등을 돌린다. 오가는 고성高聲에 살殺이 가득하고 험악하다.

갑인일甲寅 ⇒ 대계수大溪水 양陽과 병자丙子 ⇒ 간하수澗下水 양陽이 들어서면 변덕과 간교함을 지닌 것이니, 매사에 쉬운 길만 찾아 나서고 책임질 일을 벌이지 않는다. 그리고 크게 닥칠 일에서 일찌감치 물러선다.

갑인일甲寅 ⇒ 대계수大溪水 양陽과 병인丙寅 ⇒ 노중화爐中火 양陽이 들어서면 잘 되던 일이 갑자기 힘들어지고 변화가 심하다. 때때로 그 변화에 움직임을 맞추려다 허송세월虛送歲月한다. 이루지 못할 일이라면 바로 그만두는 것이 현명함이다.

갑인일甲寅 ⇒ 대계수大溪水 양陽과 병진丙辰 ⇒ 사중토沙中土 양陽이 들어서면 밑이 빠진 독에 물을 붓는 격이다. 놀기 좋아하고 게으르며 빌려쓰기를 밥 먹듯이 하고 결국에는 책임지지 못하고 뒤로 나가떨어진다.

갑인일甲寅 ⇒ 대계수大溪水 양陽과 병오丙午 ⇒ 천하수天下水 양陽이 들어서면 변덕이 죽이 끓듯이 하고 사람을 쉽게 만나고 헤어지면서 몸과 마음을 다친다. 인연자因緣者를 만나면 심신이 편안하지만 잘못 만나면 평생 고생이다.

갑인일甲寅 ⇒ 대계수大溪水 양陽과 병신丙申 ⇒ 산하화山下火 양陽이 들어서면 지극히 현실적이지만 들고 나는 것이, 또 벌고 잃은 일이 변화가 심한 까닭으로 그 속을 알 수가 없다. 어디에 장단을 맞춰야 할지 모른다.

갑인일甲寅 ⇒ 대계수大溪水 양陽과 병술丙戌 ⇒ 옥상토屋上土 양陽이 들어서면 사람을 무시하고 제멋대로 말과 행동을 하며, 앞뒤 가리지 않고 마구잡이로 해대는 바람에 사람을 잃는다. 의리가 있어 보이지만 결정적 순간에 마음이 뒤집힌다.

갑진일甲辰 ⇒ 복등화覆燈火 양陽과 병자丙子 ⇒ 간하수澗下水 양陽이 들어서면 미워하기도 하지만 깐족대고 타인을 무시하며 간사하게 스스로의 이익만을 챙기는 무뢰한이다. 말로는 한몫을 하지만 진실성이 결여된 이해득실利害得失에 따른 알랑방귀일 뿐이다.

갑진일甲辰 ⇒ 복등화覆燈火 양陽과 병인丙寅 ⇒ 노중화爐中火 양陽이 들어서면 화를 불러일으키며 그 성질이 막무가내식이다. 오로지 자신의 뜻과 생각만을 내세우면서 타협을 하지 않는다.

갑진일甲辰 ⇒ 복등화覆燈火 양陽과 병진丙辰 ⇒ 사중토沙中土 양陽이 들어서면 매사에 신경질적이고 게으르며 성질을 앞세워 일을 그르친다. 불성실하고 책임 의식이 없으며, 밑이 빠진 독에 물을 붓고서는 회심의 한방을 노리는 어리석음이 있다.

갑진일甲辰 ⇒ 복등화覆燈火 양陽과 병오丙午 ⇒ 천하수天下水 양陽이 들어서면 작은 그릇이 분수에 넘치는 많은 것을 욕심 부리고 마음에 들지 않으면 간, 쓸개를 빼줄 듯이 하다 등을 돌린다.

갑진일甲辰 ⇒ 복등화覆燈火 양陽과 병신丙申 ⇒ 산하화山下火 양陽이 들어서면 주어진 여건이나 상황이 현실적이면서 분명하지만 늘 무언가 꼼수를 쓰면서 스스로의 그릇을 작게 만든다. 그러지 않아도 될 일에 무리수無理數를 두어 일을 그르친다.

갑진일甲辰 ⇒ 복등화覆燈火 양陽과 병술丙戌 ⇒ 옥상토屋上土 양陽이 들어서면 타고난 성품이 위아래를 분간 못하고 나서며, 필요에 따라 신뢰를 깨면서도 스스로의 잘못이나 허물을 인지하지 못한다. 제 마음에 들지 않거나 화가 나면 가히 꼴불견이다.

갑오일甲午 ⇒ 사중금沙中金 양陽과 병자丙子 ⇒ 간하수澗下水 양陽이 들어서면 제 앞가림 겉치레를 위해 온갖 간특姦慝함을 부리면서 스스로를 가볍게 만들며, 삶 자체를 쉽게 생각하고 쉽게 살아간다. 지극히 고민이 없는 이로 사소한 것에 목숨을 거는 어리석음이 있다.

갑오일甲午 ⇒ 사중금沙中金 양陽과 병인丙寅 ⇒ 노중화爐中火 양陽이 들어서면 삶이 허한 듯 겉치레에 치중하지만 스스로를 단련시켜 재산을 불리고 사람이 되려고 노력한다. 부단한 노력을 통하여 스스로를 이루지만 만만치 않은 삶을 살아가야만 한다. 자신과의 싸움에서 지는 순간 단 한 번에 사라질 운명이다.

갑오일甲午 ⇒ 사중금沙中金 양陽과 병진丙辰 ⇒ 사중토沙中土 양陽이 들어서면 스스로의 위신과 체면 겉치레를 위하여 몸과 마음을 다하고 모든 재산을 날려버리는 허망함이 있다. 지극히 게으르며 치울 줄 모르고 벌지는 못해도 쓰는 데는 일가견이 있다.

갑오일甲午 ⇒ 사중금沙中金 양陽과 병오丙午 ⇒ 천하수天下水 양陽이 들어서면 질척거리는 세상사에 흠씬 물이 들어 정신을 차리지 못하고 이리저리 휩쓸려 다니다가 몸과 마음을 다친다. 자신에 대한 믿음은 한순간에 사라지고 오지랖 넓던 그 마음도 접게 된다.

갑오일甲午 ⇒ 사중금沙中金 양陽과 병신丙申 ⇒ 산하화山下火 양陽이 들어서면 화려華麗한 꿈을 꾸면서도 이를 현실화現實化시키는 능력이 대단하고 현금現金 동원 능력이 좋으며, 쓸모없는 물건이라도 값어치 있게 만들어내는 미다스 손이다.

갑오일甲午 ⇒ 사중금沙中金 양陽과 병술丙戌 ⇒ 옥상토屋上土 양陽이 들어서면 제 맛에 삶을 살아가면서 타인의 충고나 조언에 콧방귀를 뀌면서 무시한다. 오히려 타인의 충고나 조언에 화를 내고 위아래 없이 대들면서 스스로의 위신이나 체면, 권위 등을 잃어버리는 어리석음이 있다.

갑신일甲申 ⇒ 천중수泉中水 양陽과 병자丙子 ⇒ 간하수澗下水 양陽이 들어서면 지극히 정상적이면서 이성적으로 보이지만 하는 짓이나 행동을 보면 매우 잘고 이해득실利害得失 앞에 몸을 사린다. 적을 만들지는 않으나 그렇다고 친한 이를 만드는 것도 아니다.

갑신일甲申 ⇒ 천중수泉中水 양陽과 병인丙寅 ⇒ 노중화爐中火 양陽이 들어서면 극과 극으로 내달리는 성격을 안으로 감추고 살아가는 어리석음이다. 스스로의 체면이나 위신 때문에 이성적으로 말과 행동을 제어하고 있지만 모든 것이 마음의 병으로 돌아갈 뿐이다.

갑신일甲申 ⇒ 천중수泉中水 양陽과 병진丙辰 ⇒ 사중토沙中土 양陽이 들어서면 마음과 생각으로는 지극히 정상적이면서 논리적이고 이성적이다. 그러나 늘 뒤끝이 약하고 흐지부지하며 책임감이 뒤따르지를 못한다. 몸과 마음만이 앞설 뿐 게으르고 책임감이 없다.

갑신일甲申 ⇒ 천중수泉中水 양陽과 병오丙午 ⇒ 천하수天下水 양陽이 들어서면 제 앞가림을 잘하고 주변을 잘 다스리면서 스스로의 입지를 튼튼하게 하고 사람들을 가려 만나면서 스스로의 이익을 증대시킨다. 똑똑하고 한편으로는 여린 마음으로 사람을 끌어안는다.

갑신일甲申 ⇒ 천중수泉中水 양陽과 병신丙申 ⇒ 산하화山下火 양陽이 들어서면 마르지 않은 지혜의 샘물과 같은 것이니, 현실을 보는 눈이 정확하고 이성적이며, 제 앞가림에 충실하고 타인의 힘을 빌리지 않고도 자신의 자리를 탄탄하게 만든다.

갑신일甲申 ⇒ 천중수泉中水 양陽과 병술丙戌 ⇒ 옥상토屋上土 양陽이 들어서면 자신의 것을 감추고 살아가면서 남에게 마음을 열지 않는다. 지극히 이기적이면서 자기밖에 모르고 타인의 어려움을 돌아보지 않은 차가움이 있다. 또한 이해득실利害得失 앞에서는 위아래가 없다.

갑술일甲戌 ⇒ 산두화山頭火 양陽과 병자丙子 ⇒ 간하수澗下水 양陽이 들어서면 똑똑하기는 이를 데가 없지만, 머리 쓰는 모양새를 보면 잘고 간사하다. 이해득실利害得失 앞에 몸을 사리고 잔머리를 쓰면서 이득을

취하려 한다.

갑술일甲戌 ⇒ 산두화山頭火 양陽과 병인丙寅 ⇒ 노중화爐中火 양陽이 들어서면 직성이 강한 성격에 말을 하지 못하고 가슴으로 끌어안으니 마음에 병이 깊을 수밖에 없다. 왈왈 짖어대기는 하지만 그 마음을 풀 길은 없다. 스스로 달래고 스스로를 이끌고 가야 하는 고단함이다.

갑술일甲戌 ⇒ 산두화山頭火 양陽과 병진丙辰 ⇒ 사중토沙中土 양陽이 들어서면 자신의 능력으로 이끌고 나아가려고 하나 따르지 않은 몸이다. 생각만이 앞설 뿐, 또 마음만이 앞설 뿐, 그 게으름은 어찌할 수가 없는 일이다. 똑똑하기는 하나 제대로 뜻을 펴지 못하고 허송세월虛送歲月한다.

갑술일甲戌 ⇒ 산두화山頭火 양陽과 병오丙午 ⇒ 천하수天下水 양陽이 들어서면 세상사를 굽어보는 남다른 눈이 있고 이를 잘 사용하여 스스로의 위치를 탄탄하게 만든다. 사람들이 따르고 우러르지만 교만하지 않고 아래로 향하는 마음이 간절하다.

갑술일甲戌 ⇒ 산두화山頭火 양陽과 병신丙申 ⇒ 산하화山下火 양陽이 들어서면 똑똑하고 현실적이며 직성으로 몰아치는 그 힘이 대단하다. 한 번 오르면 그 끝이 없이 타오르는 것이니, 삶에 대한 욕심뿐만 아니라 지식, 지혜, 재물에 대한 욕심도 끝이 없다. 그러나 현명함이 앞서는 까닭으로 위험으로 몰고 가지는 않는다.

갑술일甲戌 ⇒ 산두화山頭火 양陽과 병술丙戌 ⇒ 옥상토屋上土 양陽이 들어서면 등을 한 번 돌리면 영원히 돌아서지 않은 어리석음으로 인하여 인연을 끊어버리고 독수공방獨守空房이라 외롭기는 매한가지다. 화가 나면 타인을 말로써 죽음으로 몰아가는 독함이 있고 위아래 없이 해대는 모습은 눈살을 찌푸리게 만든다.

4) 갑일甲日에 정丁 ⇒ 상관傷官

육신六神을 보면 조모祖母나 외조부外祖父를 이르고 남자는 첩의 어머니, 여자는 자식들을 본다. 타고난 성품을 드러내자면 교만하고 남을 얕보면서 세상사로부터 오해나 비방을 받는다고 한다. 또한 매사에 방해를 받거나 경쟁이 심하다고 한다.

갑일甲日 ⇒ 양陽

(1) 갑자일甲子 ⇒ 해중금海中金 양陽
(2) 갑인일甲寅 ⇒ 대계수大溪水 양陽
(3) 갑진일甲辰 ⇒ 복등화覆燈火 양陽
(4) 갑오일甲午 ⇒ 사중금沙中金 양陽
(5) 갑신일甲申 ⇒ 천중수泉中水 양陽
(6) 갑술일甲戌 ⇒ 산두화山頭火 양陽

정丁 ⇒ 음陰

(1) 정축丁丑 ⇒ 간하수澗下水 음陰
(2) 정묘丁卯 ⇒ 노중화爐中火 음陰
(3) 정사丁巳 ⇒ 사중토沙中土 음陰
(4) 정미丁未 ⇒ 천하수天下水 음陰
(5) 정유丁酉 ⇒ 산하화山下火 음陰
(6) 정해丁亥 ⇒ 옥상토屋上土 음陰

간략하게 설명하면 다음과 같다.
갑자일甲子 ⇒ 해중금海中金 양陽과
정축丁丑 ⇒ 간하수澗下水 음陰이 들어서면
갑자일甲子 ⇒ 해중금海中金 양陽과
정묘丁卯 ⇒ 노중화爐中火 음陰이 들어서면
갑자일甲子 ⇒ 해중금海中金 양陽과
정사丁巳 ⇒ 사중토沙中土 음陰이 들어서면
갑자일甲子 ⇒ 해중금海中金 양陽과

정미丁未 ⇒ 천하수天下水 음陰이 들어서면
갑자일甲子 ⇒ 해중금海中金 양陽과
정유丁酉 ⇒ 산하화山下火 음陰이 들어서면
갑자일甲子 ⇒ 해중금海中金 양陽과
정해丁亥 ⇒ 옥상토屋上土 음陰이 들어서면
갑인일甲寅 ⇒ 대계수大溪水 양陽과
정축丁丑 ⇒ 간하수澗下水 음陰이 들어서면
갑인일甲寅 ⇒ 대계수大溪水 양陽과
정묘丁卯 ⇒ 노중화爐中火 음陰이 들어서면
갑인일甲寅 ⇒ 대계수大溪水 양陽과
정사丁巳 ⇒ 사중토沙中土 음陰이 들어서면
갑인일甲寅 ⇒ 대계수大溪水 양陽과
정미丁未 ⇒ 천하수天下水 음陰이 들어서면
갑인일甲寅 ⇒ 대계수大溪水 양陽과
정유丁酉 ⇒ 산하화山下火 음陰이 들어서면
갑인일甲寅 ⇒ 대계수大溪水 양陽과
정해丁亥 ⇒ 옥상토屋上土 음陰이 들어서면
갑진일甲辰 ⇒ 복등화覆燈火 양陽과
정축丁丑 ⇒ 간하수澗下水 음陰이 들어서면
갑진일甲辰 ⇒ 복등화覆燈火 양陽과
정묘丁卯 ⇒ 노중화爐中火 음陰이 들어서면
갑진일甲辰 ⇒ 복등화覆燈火 양陽과
정사丁巳 ⇒ 사중토沙中土 음陰이 들어서면

갑진일甲辰 ⇒ 복등화覆燈火 양陽과
정미丁未 ⇒ 천하수天下水 음陰이 들어서면
갑진일甲辰 ⇒ 복등화覆燈火 양陽과
정유丁酉 ⇒ 산하화山下火 음陰이 들어서면
갑진일甲辰 ⇒ 복등화覆燈火 양陽과
정해丁亥 ⇒ 옥상토屋上土 음陰이 들어서면
갑오일甲午 ⇒ 사중금沙中金 양陽과
정축丁丑 ⇒ 간하수澗下水 음陰이 들어서면
갑오일甲午 ⇒ 사중금沙中金 양陽과
정묘丁卯 ⇒ 노중화爐中火 음陰이 들어서면
갑오일甲午 ⇒ 사중금沙中金 양陽과
정사丁巳 ⇒ 사중토沙中土 음陰이 들어서면
갑오일甲午 ⇒ 사중금沙中金 양陽과
정미丁未 ⇒ 천하수天下水 음陰이 들어서면
갑오일甲午 ⇒ 사중금沙中金 양陽과
정유丁酉 ⇒ 산하화山下火 음陰이 들어서면
갑오일甲午 ⇒ 사중금沙中金 양陽과
정해丁亥 ⇒ 옥상토屋上土 음陰이 들어서면
갑신일甲申 ⇒ 천중수泉中水 양陽과
정축丁丑 ⇒ 간하수澗下水 음陰이 들어서면
갑신일甲申 ⇒ 천중수泉中水 양陽과
정묘丁卯 ⇒ 노중화爐中火 음陰이 들어서면
갑신일甲申 ⇒ 천중수泉中水 양陽과

정사丁巳 ⇒ 사중토沙中土 음陰이 들어서면
갑신일甲申 ⇒ 천중수泉中水 양陽과
정미丁未 ⇒ 천하수天下水 음陰이 들어서면
갑신일甲申 ⇒ 천중수泉中水 양陽과
정유丁酉 ⇒ 산하화山下火 음陰이 들어서면
갑신일甲申 ⇒ 천중수泉中水 양陽과
정해丁亥 ⇒ 옥상토屋上土 음陰이 들어서면
갑술일甲戌 ⇒ 산두화山頭火 양陽과
정축丁丑 ⇒ 간하수澗下水 음陰이 들어서면
갑술일甲戌 ⇒ 산두화山頭火 양陽과
정묘丁卯 ⇒ 노중화爐中火 음陰이 들어서면
갑술일甲戌 ⇒ 산두화山頭火 양陽과
정사丁巳 ⇒ 사중토沙中土 음陰이 들어서면
갑술일甲戌 ⇒ 산두화山頭火 양陽과
정미丁未 ⇒ 천하수天下水 음陰이 들어서면
갑술일甲戌 ⇒ 산두화山頭火 양陽과
정유丁酉 ⇒ 산하화山下火 음陰이 들어서면
갑술일甲戌 ⇒ 산두화山頭火 양陽과
정해丁亥 ⇒ 옥상토屋上土 음陰이 들어서면

5) 갑일甲日에 무戊 ⇒ 편재偏財

육신六神을 보자면 남자는 아버지나 첩妾, 또 처의 형제를 본다고 하며, 여자는 아버지와 시어머니를 본다고 한다. 타고난 성품을 들자면 솔직 담백하고 좋은 일은 많으나 마魔가 많이 낀다고 하며, 금전의 출입이 지극히 빈번하고 풍류객風流客이 많고 남자는 첩을 만들고 여자는 남자를 둔다.

갑일甲日 ⇒ 양陽

(1) 갑자일甲子 ⇒ 해중금海中金 양陽
(2) 갑인일甲寅 ⇒ 대계수大溪水 양陽
(3) 갑진일甲辰 ⇒ 복등화覆燈火 양陽
(4) 갑오일甲午 ⇒ 사중금沙中金 양陽
(5) 갑신일甲申 ⇒ 천중수泉中水 양陽
(6) 갑술일甲戌 ⇒ 산두화山頭火 양陽

무戊 ⇒ 양陽

(1) 무자戊子 ⇒ 벽력화霹靂火 양陽
(2) 무인戊寅 ⇒ 성두토城頭土 양陽
(3) 무진戊辰 ⇒ 대림목大林木 양陽
(4) 무오戊午 ⇒ 천상화天上火 양陽
(5) 무신戊申 ⇒ 대역토大驛土 양陽
(6) 무술戊戌 ⇒ 평지목平地木 양陽

간략하게 설명하면 다음과 같다.
갑자일甲子 ⇒ 해중금海中金 양陽과
무자戊子 ⇒ 벽력화霹靂火 양陽이 들어서면
갑자일甲子 ⇒ 해중금海中金 양陽과
무인戊寅 ⇒ 성두토城頭土 양陽이 들어서면
갑자일甲子 ⇒ 해중금海中金 양陽과
무진戊辰 ⇒ 대림목大林木 양陽이 들어서면

갑자일甲子 ⇒ 해중금海中金 양陽과
무오戊午 ⇒ 천상화天上火 양陽이 들어서면
갑자일甲子 ⇒ 해중금海中金 양陽과
무신戊申 ⇒ 대역토大驛土 양陽이 들어서면
갑자일甲子 ⇒ 해중금海中金 양陽과
무술戊戌 ⇒ 평지목平地木 양陽이 들어서면
갑인일甲寅 ⇒ 대계수大溪水 양陽과
무자戊子 ⇒ 벽력화霹靂火 양陽이 들어서면
갑인일甲寅 ⇒ 대계수大溪水 양陽과
무인戊寅 ⇒ 성두토城頭土 양陽이 들어서면
갑인일甲寅 ⇒ 대계수大溪水 양陽과
무진戊辰 ⇒ 대림목大林木 양陽이 들어서면
갑인일甲寅 ⇒ 대계수大溪水 양陽과
무오戊午 ⇒ 천상화天上火 양陽이 들어서면
갑인일甲寅 ⇒ 대계수大溪水 양陽과
무신戊申 ⇒ 대역토大驛土 양陽이 들어서면
갑인일甲寅 ⇒ 대계수大溪水 양陽과
무술戊戌 ⇒ 평지목平地木 양陽이 들어서면
갑진일甲辰 ⇒ 복등화覆燈火 양陽과
무자戊子 ⇒ 벽력화霹靂火 양陽이 들어서면
갑진일甲辰 ⇒ 복등화覆燈火 양陽과
무인戊寅 ⇒ 성두토城頭土 양陽이 들어서면
갑진일甲辰 ⇒ 복등화覆燈火 양陽과

무진戊辰 ⇒ 대림목大林木 양陽이 들어서면

갑진일甲辰 ⇒ 복등화覆燈火 양陽과

무오戊午 ⇒ 천상화天上火 양陽이 들어서면

갑진일甲辰 ⇒ 복등화覆燈火 양陽과

무신戊申 ⇒ 대역토大驛土 양陽이 들어서면

갑진일甲辰 ⇒ 복등화覆燈火 양陽과

무술戊戌 ⇒ 평지목平地木 양陽이 들어서면

갑오일甲午 ⇒ 사중금沙中金 양陽과

무자戊子 ⇒ 벽력화霹靂火 양陽이 들어서면

갑오일甲午 ⇒ 사중금沙中金 양陽과

무인戊寅 ⇒ 성두토城頭土 양陽이 들어서면

갑오일甲午 ⇒ 사중금沙中金 양陽과

무진戊辰 ⇒ 대림목大林木 양陽이 들어서면

갑오일甲午 ⇒ 사중금沙中金 양陽과

무오戊午 ⇒ 천상화天上火 양陽이 들어서면

갑오일甲午 ⇒ 사중금沙中金 양陽과

무신戊申 ⇒ 대역토大驛土 양陽이 들어서면

갑오일甲午 ⇒ 사중금沙中金 양陽과

무술戊戌 ⇒ 평지목平地木 양陽이 들어서면

갑신일甲申 ⇒ 천중수泉中水 양陽과

무자戊子 ⇒ 벽력화霹靂火 양陽이 들어서면

갑신일甲申 ⇒ 천중수泉中水 양陽과

무인戊寅 ⇒ 성두토城頭土 양陽이 들어서면

갑신일甲申 ⇒ 천중수泉中水 양陽과

무진戊辰 ⇒ 대림목大林木 양陽이 들어서면

갑신일甲申 ⇒ 천중수泉中水 양陽과

무오戊午 ⇒ 천상화天上火 양陽이 들어서면

갑신일甲申 ⇒ 천중수泉中水 양陽과

무신戊申 ⇒ 대역토大驛土 양陽이 들어서면

갑신일甲申 ⇒ 천중수泉中水 양陽과

무술戊戌 ⇒ 평지목平地木 양陽이 들어서면

갑술일甲戌 ⇒ 산두화山頭火 양陽과

무자戊子 ⇒ 벽력화霹靂火 양陽이 들어서면

갑술일甲戌 ⇒ 산두화山頭火 양陽과

무인戊寅 ⇒ 성두토城頭土 양陽이 들어서면

갑술일甲戌 ⇒ 산두화山頭火 양陽과

무진戊辰 ⇒ 대림목大林木 양陽이 들어서면

갑술일甲戌 ⇒ 산두화山頭火 양陽과

무오戊午 ⇒ 천상화天上火 양陽이 들어서면

갑술일甲戌 ⇒ 산두화山頭火 양陽과

무신戊申 ⇒ 대역토大驛土 양陽이 들어서면

갑술일甲戌 ⇒ 산두화山頭火 양陽과

무술戊戌 ⇒ 평지목平地木 양陽이 들어서면

6) 갑일甲日에 기己 ⇒ 정재正財

육신六神을 보면 백부伯父 백모伯母를 보는 것이며 남자는 올바른 처妻와 여자는 시어머니를 본다고 한다. 타고난 성정性情을 보면 명예를 얻고 가문이 번영하고 자산이 늘며 신용이 있다고 한다. 또한 직분이 높고 길한 상이며, 성격이 명랑하다고 한다. 아내는 어질고 남편은 현명하다고 한다. 그러나 술과 여자를 조심해야 한다고 이른다.

(1) 갑자일甲子 ⇒ 해중금海中金 양陽
(2) 갑인일甲寅 ⇒ 대계수大溪水 양陽
(3) 갑진일甲辰 ⇒ 복등화覆燈火 양陽
(4) 갑오일甲午 ⇒ 사중금沙中金 양陽
(5) 갑신일甲申 ⇒ 천중수泉中水 양陽
(6) 갑술일甲戌 ⇒ 산두화山頭火 양陽

(1) 기축己丑 ⇒ 벽력화霹靂火 음陰
(2) 기묘己卯 ⇒ 성두토城頭土 음陰
(3) 기사己巳 ⇒ 대림목大林木 음陰
(4) 기미己未 ⇒ 천상화天上火 음陰
(5) 기유己酉 ⇒ 대역토大驛土 음陰
(6) 기해己亥 ⇒ 평지목平地木 음陰

간략하게 설명하면 다음과 같다.
갑자일甲子 ⇒ 해중금海中金 양陽과
기축己丑 ⇒ 벽력화霹靂火 음陰이 들어서면
갑자일甲子 ⇒ 해중금海中金 양陽과
기묘己卯 ⇒ 성두토城頭土 음陰이 들어서면
갑자일甲子 ⇒ 해중금海中金 양陽과
기사己巳 ⇒ 대림목大林木 음陰이 들어서면

갑자일甲子 ⇒ 해중금海中金 양陽과

기미己未 ⇒ 천상화天上火 음陰이 들어서면

갑자일甲子 ⇒ 해중금海中金 양陽과

기유己酉 ⇒ 대역토大驛土 음陰이 들어서면

갑자일甲子 ⇒ 해중금海中金 양陽과

기해己亥 ⇒ 평지목平地木 음陰이 들어서면

갑인일甲寅 ⇒ 대계수大溪水 양陽과

기축己丑 ⇒ 벽력화霹靂火 음陰이 들어서면

갑인일甲寅 ⇒ 대계수大溪水 양陽과

기묘己卯 ⇒ 성두토城頭土 음陰이 들어서면

갑인일甲寅 ⇒ 대계수大溪水 양陽과

기사己巳 ⇒ 대림목大林木 음陰이 들어서면

갑인일甲寅 ⇒ 대계수大溪水 양陽과

기미己未 ⇒ 천상화天上火 음陰이 들어서면

갑인일甲寅 ⇒ 대계수大溪水 양陽과

기유己酉 ⇒ 대역토大驛土 음陰이 들어서면

갑인일甲寅 ⇒ 대계수大溪水 양陽과

기해己亥 ⇒ 평지목平地木 음陰이 들어서면

갑진일甲辰 ⇒ 복등화覆燈火 양陽과

기축己丑 ⇒ 벽력화霹靂火 음陰이 들어서면

갑진일甲辰 ⇒ 복등화覆燈火 양陽과

기묘己卯 ⇒ 성두토城頭土 음陰이 들어서면

갑진일甲辰 ⇒ 복등화覆燈火 양陽과

기사己巳 ⇒ 대림목大林木 음陰이 들어서면
갑진일甲辰 ⇒ 복등화覆燈火 양陽과
기미己未 ⇒ 천상화天上火 음陰이 들어서면
갑진일甲辰 ⇒ 복등화覆燈火 양陽과
기유己酉 ⇒ 대역토大驛土 음陰이 들어서면
갑진일甲辰 ⇒ 복등화覆燈火 양陽과
기해己亥 ⇒ 평지목平地木 음陰이 들어서면
갑오일甲午 ⇒ 사중금沙中金 양陽과
기축己丑 ⇒ 벽력화霹靂火 음陰이 들어서면
갑오일甲午 ⇒ 사중금沙中金 양陽과
기묘己卯 ⇒ 성두토城頭土 음陰이 들어서면
갑오일甲午 ⇒ 사중금沙中金 양陽과
기사己巳 ⇒ 대림목大林木 음陰이 들어서면
갑오일甲午 ⇒ 사중금沙中金 양陽과
기미己未 ⇒ 천상화天上火 음陰이 들어서면
갑오일甲午 ⇒ 사중금沙中金 양陽과
기유己酉 ⇒ 대역토大驛土 음陰이 들어서면
갑오일甲午 ⇒ 사중금沙中金 양陽과
기해己亥 ⇒ 평지목平地木 음陰이 들어서면
갑신일甲申 ⇒ 천중수泉中水 양陽과
기축己丑 ⇒ 벽력화霹靂火 음陰이 들어서면
갑신일甲申 ⇒ 천중수泉中水 양陽과
기묘己卯 ⇒ 성두토城頭土 음陰이 들어서면

갑신일甲申 ⇒ 천중수泉中水 양陽과
기사己巳 ⇒ 대림목大林木 음陰이 들어서면
갑신일甲申 ⇒ 천중수泉中水 양陽과
기미己未 ⇒ 천상화天上火 음陰이 들어서면
갑신일甲申 ⇒ 천중수泉中水 양陽과
기유己酉 ⇒ 대역토大驛土 음陰이 들어서면
갑신일甲申 ⇒ 천중수泉中水 양陽과
기해己亥 ⇒ 평지목平地木 음陰이 들어서면
갑술일甲戌 ⇒ 산두화山頭火 양陽과
기축己丑 ⇒ 벽력화霹靂火 음陰이 들어서면
갑술일甲戌 ⇒ 산두화山頭火 양陽과
기묘己卯 ⇒ 성두토城頭土 음陰이 들어서면
갑술일甲戌 ⇒ 산두화山頭火 양陽과
기사己巳 ⇒ 대림목大林木 음陰이 들어서면
갑술일甲戌 ⇒ 산두화山頭火 양陽과
기미己未 ⇒ 천상화天上火 음陰이 들어서면
갑술일甲戌 ⇒ 산두화山頭火 양陽과
기유己酉 ⇒ 대역토大驛土 음陰이 들어서면
갑술일甲戌 ⇒ 산두화山頭火 양陽과
기해己亥 ⇒ 평지목平地木 음陰이 들어서면

7) 갑일甲日에 경庚 ⇒ 편관偏官

육신六神을 살펴보면 남자는 자식이나 백모伯母를 보고 또 조부祖父와 사촌 형제를 본단다. 여자는 정혼자定婚者 외의 남편을 보고 남편의 첩을 본단다. 타고난 성정性情을 살펴보면 성격이 완고하고 강하며, 싸우기를 좋아하고 성질이 급하며, 흉포하고 고독하다고 한다. 그러므로 군인이나 경찰로서 출세한다고 한다.

갑일甲日 **⇒ 양**陽	**경**庚 **⇒ 양**陽
(1) 갑자일甲子 ⇒ 해중금海中金 양陽	(1) 경자庚子 ⇒ 벽상토壁上土 양陽
(2) 갑인일甲寅 ⇒ 대계수大溪水 양陽	(2) 경인庚寅 ⇒ 송백목松柏木 양陽
(3) 갑진일甲辰 ⇒ 복등화覆燈火 양陽	(3) 경진庚辰 ⇒ 백납금白鑞金 양陽
(4) 갑오일甲午 ⇒ 사중금沙中金 양陽	(4) 경오庚午 ⇒ 노방토路傍土 양陽
(5) 갑신일甲申 ⇒ 천중수泉中水 양陽	(5) 경신庚申 ⇒ 석류목石榴木 양陽
(6) 갑술일甲戌 ⇒ 산두화山頭火 양陽	(6) 경술庚戌 ⇒ 차천금鎈釧金 양陽

간략하게 설명하면 다음과 같다.

갑자일甲子 ⇒ 해중금海中金 양陽과

경자庚子 ⇒ 벽상토壁上土 양陽이 들어서면

갑자일甲子 ⇒ 해중금海中金 양陽과

경인庚寅 ⇒ 송백목松柏木 양陽이 들어서면

갑자일甲子 ⇒ 해중금海中金 양陽과

경진庚辰 ⇒ 백납금白鑞金 양陽이 들어서면

갑자일甲子 ⇒ 해중금海中金 양陽과
경오庚午 ⇒ 노방토路傍土 양陽이 들어서면
갑자일甲子 ⇒ 해중금海中金 양陽과
경신庚申 ⇒ 석류목石榴木 양陽이 들어서면
갑자일甲子 ⇒ 해중금海中金 양陽과
경술庚戌 ⇒ 차천금釵釧金 양陽이 들어서면
갑인일甲寅 ⇒ 대계수大溪水 양陽과
경자庚子 ⇒ 벽상토壁上土 양陽이 들어서면
갑인일甲寅 ⇒ 대계수大溪水 양陽과
경인庚寅 ⇒ 송백목松柏木 양陽이 들어서면
갑인일甲寅 ⇒ 대계수大溪水 양陽과
경진庚辰 ⇒ 백납금白鑞金 양陽이 들어서면
갑인일甲寅 ⇒ 대계수大溪水 양陽과
경오庚午 ⇒ 노방토路傍土 양陽이 들어서면
갑인일甲寅 ⇒ 대계수大溪水 양陽과
경신庚申 ⇒ 석류목石榴木 양陽이 들어서면
갑인일甲寅 ⇒ 대계수大溪水 양陽과
경술庚戌 ⇒ 차천금釵釧金 양陽이 들어서면
갑진일甲辰 ⇒ 복등화覆燈火 양陽과
경자庚子 ⇒ 벽상토壁上土 양陽이 들어서면
갑진일甲辰 ⇒ 복등화覆燈火 양陽과
경인庚寅 ⇒ 송백목松柏木 양陽이 들어서면
갑진일甲辰 ⇒ 복등화覆燈火 양陽과

경진庚辰 ⇒ 백납금白鑞金 양陽이 들어서면
갑진일甲辰 ⇒ 복등화覆燈火 양陽과
경오庚午 ⇒ 노방토路傍土 양陽이 들어서면
갑진일甲辰 ⇒ 복등화覆燈火 양陽과
경신庚申 ⇒ 석류목石榴木 양陽이 들어서면
갑진일甲辰 ⇒ 복등화覆燈火 양陽과
경술庚戌 ⇒ 차천금鎈釧金 양陽이 들어서면
갑오일甲午 ⇒ 사중금沙中金 양陽과
경자庚子 ⇒ 벽상토壁上土 양陽이 들어서면
갑오일甲午 ⇒ 사중금沙中金 양陽과
경인庚寅 ⇒ 송백목松柏木 양陽이 들어서면
갑오일甲午 ⇒ 사중금沙中金 양陽과
경진庚辰 ⇒ 백납금白鑞金 양陽이 들어서면
갑오일甲午 ⇒ 사중금沙中金 양陽과
경오庚午 ⇒ 노방토路傍土 양陽이 들어서면
갑오일甲午 ⇒ 사중금沙中金 양陽과
경신庚申 ⇒ 석류목石榴木 양陽이 들어서면
갑오일甲午 ⇒ 사중금沙中金 양陽과
경술庚戌 ⇒ 차천금鎈釧金 양陽이 들어서면
갑신일甲申 ⇒ 천중수泉中水 양陽과
경자庚子 ⇒ 벽상토壁上土 양陽이 들어서면
갑신일甲申 ⇒ 천중수泉中水 양陽과
경인庚寅 ⇒ 송백목松柏木 양陽이 들어서면

갑신일甲申 ⇒ 천중수泉中水 양陽과

경진庚辰 ⇒ 백납금白鑞金 양陽이 들어서면

갑신일甲申 ⇒ 천중수泉中水 양陽과

경오庚午 ⇒ 노방토路傍土 양陽이 들어서면

갑신일甲申 ⇒ 천중수泉中水 양陽과

경신庚申 ⇒ 석류목石榴木 양陽이 들어서면

갑신일甲申 ⇒ 천중수泉中水 양陽과

경술庚戌 ⇒ 차천금鎈釧金 양陽이 들어서면

갑술일甲戌 ⇒ 산두화山頭火 양陽과

경자庚子 ⇒ 벽 상토壁上土 양陽이 들어서면

갑술일甲戌 ⇒ 산두화山頭火 양陽과

경인庚寅 ⇒ 송백목松柏木 양陽이 들어서면

갑술일甲戌 ⇒ 산두화山頭火 양陽과

경진庚辰 ⇒ 백납금白鑞金 양陽이 들어서면

갑술일甲戌 ⇒ 산두화山頭火 양陽과

경오庚午 ⇒ 노방토路傍土 양陽이 들어서면

갑술일甲戌 ⇒ 산두화山頭火 양陽과

경신庚申 ⇒ 석류목石榴木 양陽이 들어서면

갑술일甲戌 ⇒ 산두화山頭火 양陽과

경술庚戌 ⇒ 차천금鎈釧金 양陽이 들어서면

8) 갑일甲日에 신辛 ⇒ 정관正官

육신六神을 보면 남자는 자식이나 조카를 보고 여자는 남편이나 조모를 본단다. 타고난 성정性情을 보면 품행이 단정하며 재주와 지혜가 발달되어 있고 명예를 얻으며 신용이 높다고 한다. 또한 타고나기를 용모가 아름답다고 한다.

갑일甲日 **⇒ 양**陽

(1) **갑자일**甲子 ⇒ **해중금**海中金 **양**陽
(2) **갑인일**甲寅 ⇒ **대계수**大溪水 **양**陽
(3) **갑진일**甲辰 ⇒ **복등화**覆燈火 **양**陽
(4) **갑오일**甲午 ⇒ **사중금**沙中金 **양**陽
(5) **갑신일**甲申 ⇒ **천중수**泉中水 **양**陽
(6) **갑술일**甲戌 ⇒ **산두화**山頭火 **양**陽

신辛 **⇒ 음**陰

(1) **신축**辛丑 ⇒ **벽상토**壁上土 **음**陰
(2) **신묘**辛卯 ⇒ **송백목**松柏木 **음**陰
(3) **신사**辛巳 ⇒ **백납금**白鑞金 **음**陰
(4) **신미**辛未 ⇒ **노방토**路傍土 **음**陰
(5) **신유**辛酉 ⇒ **석류목**石榴木 **음**陰
(6) **신해**辛亥 ⇒ **차천금**鎈釧金 **음**陰

간략하게 설명하면 다음과 같다.
갑자일甲子 ⇒ 해중금海中金 양陽과
신축辛丑 ⇒ 벽상토壁上土 음陰이 들어서면
갑자일甲子 ⇒ 해중금海中金 양陽과
신묘辛卯 ⇒ 송백목松柏木 음陰이 들어서면
갑자일甲子 ⇒ 해중금海中金 양陽과
신사辛巳 ⇒ 백납금白鑞金 음陰이 들어서면
갑자일甲子 ⇒ 해중금海中金 양陽과

신미辛未 ⇒ 노방토路傍土 음陰이 들어서면

갑자일甲子 ⇒ 해중금海中金 양陽과

신유辛酉 ⇒ 석류목石榴木 음陰이 들어서면

갑자일甲子 ⇒ 해중금海中金 양陽과

신해辛亥 ⇒ 차천금鎈釧金 음陰이 들어서면

갑인일甲寅 ⇒ 대계수大溪水 양陽과

신축辛丑 ⇒ 벽상토壁上土 음陰이 들어서면

갑인일甲寅 ⇒ 대계수大溪水 양陽과

신묘辛卯 ⇒ 송백목松柏木 음陰이 들어서면

갑인일甲寅 ⇒ 대계수大溪水 양陽과

신사辛巳 ⇒ 백납금白鑞金 음陰이 들어서면

갑인일甲寅 ⇒ 대계수大溪水 양陽과

신미辛未 ⇒ 노방토路傍土 음陰이 들어서면

갑인일甲寅 ⇒ 대계수大溪水 양陽과

신유辛酉 ⇒ 석류목石榴木 음陰이 들어서면

갑인일甲寅 ⇒ 대계수大溪水 양陽과

신해辛亥 ⇒ 차천금鎈釧金 음陰이 들어서면

갑진일甲辰 ⇒ 복등화覆燈火 양陽과

신축辛丑 ⇒ 벽상토壁上土 음陰이 들어서면

갑진일甲辰 ⇒ 복등화覆燈火 양陽과

신묘辛卯 ⇒ 송백목松柏木 음陰이 들어서면

갑진일甲辰 ⇒ 복등화覆燈火 양陽과

신사辛巳 ⇒ 백납금白鑞金 음陰이 들어서면

갑진일甲辰 ⇒ 복등화覆燈火 양陽과

신미辛未 ⇒ 노방토路傍土 음陰이 들어서면

갑진일甲辰 ⇒ 복등화覆燈火 양陽과

신유辛酉 ⇒ 석류목石榴木 음陰이 들어서면

갑진일甲辰 ⇒ 복등화覆燈火 양陽과

신해辛亥 ⇒ 차천금鎈釧金 음陰이 들어서면

갑오일甲午 ⇒ 사중금沙中金 양陽과

신축辛丑 ⇒ 벽상토壁上土 음陰이 들어서면

갑오일甲午 ⇒ 사중금沙中金 양陽과

신묘辛卯 ⇒ 송백목松柏木 음陰이 들어서면

갑오일甲午 ⇒ 사중금沙中金 양陽과

신사辛巳 ⇒ 백납금白鑞金 음陰이 들어서면

갑오일甲午 ⇒ 사중금沙中金 양陽과

신미辛未 ⇒ 노방토路傍土 음陰이 들어서면

갑오일甲午 ⇒ 사중금沙中金 양陽과

신유辛酉 ⇒ 석류목石榴木 음陰이 들어서면

갑오일甲午 ⇒ 사중금沙中金 양陽과

신해辛亥 ⇒ 차천금鎈釧金 음陰이 들어서면

갑신일甲申 ⇒ 천중수泉中水 양陽과

신축辛丑 ⇒ 벽상토壁上土 음陰이 들어서면

갑신일甲申 ⇒ 천중수泉中水 양陽과

신묘辛卯 ⇒ 송백목松柏木 음陰이 들어서면

갑신일甲申 ⇒ 천중수泉中水 양陽과

신사辛巳 ⇒ 백납금白鑞金 음陰이 들어서면

갑신일甲申 ⇒ 천중수泉中水 양陽과

신미辛未 ⇒ 노방토路傍土 음陰이 들어서면

갑신일甲申 ⇒ 천중수泉中水 양陽과

신유辛酉 ⇒ 석류목石榴木 음陰이 들어서면

갑신일甲申 ⇒ 천중수泉中水 양陽과

신해辛亥 ⇒ 차천금鎈釧金 음陰이 들어서면

갑술일甲戌 ⇒ 산두화山頭火 양陽과

신축辛丑 ⇒ 벽상토壁上土 음陰이 들어서면

갑술일甲戌 ⇒ 산두화山頭火 양陽과

신묘辛卯 ⇒ 송백목松柏木 음陰이 들어서면

갑술일甲戌 ⇒ 산두화山頭火 양陽과

신사辛巳 ⇒ 백납금白鑞金 음陰이 들어서면

갑술일甲戌 ⇒ 산두화山頭火 양陽과

신미辛未 ⇒ 노방토路傍土 음陰이 들어서면

갑술일甲戌 ⇒ 산두화山頭火 양陽과

신유辛酉 ⇒ 석류목石榴木 음陰이 들어서면

갑술일甲戌 ⇒ 산두화山頭火 양陽과

신해辛亥 ⇒ 차천금鎈釧金 음陰이 들어서면

9) 갑일甲日에 임壬 ⇒ 편인偏印

육신六神을 보면 계모나 유모를 보고 남자는 첩의 아버지, 어머니의 형제를 보며, 여자는 어머니의 형제를 본단다. 타고난 성정性情을 설명하자면 복福과 수명을 해치게 되고 재산을 깨트리고 권력을 잃으며 질병이나 재해에 고통을 받는다고 한다. 또한 이별수가 있고 고독하며 명이 짧고 아들을 난다고 한다.

갑일甲日 ⇒ 양陽

(1) 갑자일甲子 ⇒ 해중금海中金 양陽
(2) 갑인일甲寅 ⇒ 대계수大溪水 양陽
(3) 갑진일甲辰 ⇒ 복등화覆燈火 양陽
(4) 갑오일甲午 ⇒ 사중금沙中金 양陽
(5) 갑신일甲申 ⇒ 천중수泉中水 양陽
(6) 갑술일甲戌 ⇒ 산두화山頭火 양陽

임壬 ⇒ 양陽

(1) 임자壬子 ⇒ 상자목桑柘木 양陽
(2) 임인壬寅 ⇒ 금박금金箔金 양陽
(3) 임진壬辰 ⇒ 장류수長流水 양陽
(4) 임오壬午 ⇒ 양류목楊柳木 양陽
(5) 임신壬申 ⇒ 검봉금劍鋒金 양陽
(6) 임술壬戌 ⇒ 대해수大海水 양陽

간략하게 설명하면 다음과 같다.

갑자일甲子 ⇒ 해중금海中金
양陽과 임자壬子 ⇒ 상자목桑柘木 양陽이 들어서면
갑자일甲子 ⇒ 해중금海中金
양陽과 임인壬寅 ⇒ 금박금金箔金 양陽이 들어서면
갑자일甲子 ⇒ 해중금海中金
양陽과 임진壬辰 ⇒ 장류수長流水 양陽이 들어서면

갑자일甲子 ⇒ 해중금海中金 양陽과
임오壬午 ⇒ 양류목楊柳木 양陽이 들어서면
갑자일甲子 ⇒ 해중금海中金 양陽과
임신壬申 ⇒ 검봉금劍鋒金 양陽이 들어서면
갑자일甲子 ⇒ 해중금海中金 양陽과
임술壬戌 ⇒ 대해수大海水 양陽이 들어서면
갑인일甲寅 ⇒ 대계수大溪水 양陽과
임자壬子 ⇒ 상자목桑柘木 양陽이 들어서면
갑인일甲寅 ⇒ 대계수大溪水 양陽과
임인壬寅 ⇒ 금박금金箔金 양陽이 들어서면
갑인일甲寅 ⇒ 대계수大溪水 양陽과
임진壬辰 ⇒ 장류수長流水 양陽이 들어서면
갑인일甲寅 ⇒ 대계수大溪水 양陽과
임오壬午 ⇒ 양류목楊柳木 양陽이 들어서면
갑인일甲寅 ⇒ 대계수大溪水 양陽과
임신壬申 ⇒ 검봉금劍鋒金 양陽이 들어서면
갑인일甲寅 ⇒ 대계수大溪水 양陽과
임술壬戌 ⇒ 대해수大海水 양陽이 들어서면
갑진일甲辰 ⇒ 복등화覆燈火 양陽과
임자壬子 ⇒ 상자목桑柘木 양陽이 들어서면
갑진일甲辰 ⇒ 복등화覆燈火 양陽과
임인壬寅 ⇒ 금박금金箔金 양陽이 들어서면
갑진일甲辰 ⇒ 복등화覆燈火 양陽과

임진壬辰 ⇒ 장류수長流水 양陽이 들어서면
갑진일甲辰 ⇒ 복등화覆燈火 양陽과
임오壬午 ⇒ 양류목楊柳木 양陽이 들어서면
갑진일甲辰 ⇒ 복등화覆燈火 양陽과
임신壬申 ⇒ 검봉금劍鋒金 양陽이 들어서면
갑진일甲辰 ⇒ 복등화覆燈火 양陽과
임술壬戌 ⇒ 대해수大海水 양陽이 들어서면
갑오일甲午 ⇒ 사중금沙中金 양陽과
임자壬子 ⇒ 상자목桑柘木 양陽이 들어서면
갑오일甲午 ⇒ 사중금沙中金 양陽과
임인壬寅 ⇒ 금박금金箔金 양陽이 들어서면
갑오일甲午 ⇒ 사중금沙中金 양陽과
임진壬辰 ⇒ 장류수長流水 양陽이 들어서면
갑오일甲午 ⇒ 사중금沙中金 양陽과
임오壬午 ⇒ 양류목楊柳木 양陽이 들어서면
갑오일甲午 ⇒ 사중금沙中金 양陽과
임신壬申 ⇒ 검봉금劍鋒金 양陽이 들어서면
갑오일甲午 ⇒ 사중금沙中金 양陽과
임술壬戌 ⇒ 대해수大海水 양陽이 들어서면
갑신일甲申 ⇒ 천중수泉中水 양陽과
임자壬子 ⇒ 상자목桑柘木 양陽이 들어서면
갑신일甲申 ⇒ 천중수泉中水 양陽과
임인壬寅 ⇒ 금박금金箔金 양陽이 들어서면

갑신일甲申 ⇒ 천중수泉中水 양陽과
임진壬辰 ⇒ 장류수長流水 양陽이 들어서면
갑신일甲申 ⇒ 천중수泉中水 양陽과
임오壬午 ⇒ 양류목楊柳木 양陽이 들어서면
갑신일甲申 ⇒ 천중수泉中水 양陽과
임신壬申 ⇒ 검봉금劍鋒金 양陽이 들어서면
갑신일甲申 ⇒ 천중수泉中水 양陽과
임술壬戌 ⇒ 대해수大海水 양陽이 들어서면
갑술일甲戌 ⇒ 산두화山頭火 양陽과
임자壬子 ⇒ 상자목桑柘木 양陽이 들어서면
갑술일甲戌 ⇒ 산두화山頭火 양陽과
임인壬寅 ⇒ 금박금金箔金 양陽이 들어서면
갑술일甲戌 ⇒ 산두화山頭火 양陽과
임진壬辰 ⇒ 장류수長流水 양陽이 들어서면
갑술일甲戌 ⇒ 산두화山頭火 양陽과
임오壬午 ⇒ 양류목楊柳木 양陽이 들어서면
갑술일甲戌 ⇒ 산두화山頭火 양陽과
임신壬申 ⇒ 검봉금劍鋒金 양陽이 들어서면
갑술일甲戌 ⇒ 산두화山頭火 양陽과
임술壬戌 ⇒ 대해수大海水 양陽이 들어서면

10) 갑일甲日에 계癸 ⇒ 인수印綬

육신六神을 보면 남자는 어머니나 장모 손자를 보고 여자는 어머니 사촌 형제 조카 등을 본다. 타고난 성정性情을 보면 지혜롭고 학문이 높으며 총명하고 단정하다고 한다. 또한 인격이 높고 온후하면서 복과 수명을 함께 가지고 태어나며 무병장수無病長壽한다고 한다.

갑일甲日 **⇒ 양**陽	**계**癸 **⇒ 음**陰
(1) 갑자일甲子 ⇒ 해중금海中金 양陽	(1) 계축癸丑 ⇒ 상자목桑柘木 음陰
(2) 갑인일甲寅 ⇒ 대계수大溪水 양陽	(2) 계묘癸卯 ⇒ 금박금金箔金 음陰
(3) 갑진일甲辰 ⇒ 복등화覆燈火 양陽	(3) 계사癸巳 ⇒ 장류수長流水 음陰
(4) 갑오일甲午 ⇒ 사중금沙中金 양陽	(4) 계미癸未 ⇒ 양류목楊柳木 음陰
(5) 갑신일甲申 ⇒ 천중수泉中水 양陽	(5) 계유癸酉 ⇒ 검봉금劍鋒金 음陰
(6) 갑술일甲戌 ⇒ 산두화山頭火 양陽	(6) 계해癸亥 ⇒ 대해수大海水 음陰

간략하게 설명하면 다음과 같다.

갑자일甲子 ⇒ 해중금海中金 양陽과

계축癸丑 ⇒ 상자목桑柘木 음陰이 들어서면

갑자일甲子 ⇒ 해중금海中金 양陽과

계묘癸卯 ⇒ 금박금金箔金 음陰이 들어서면

갑자일甲子 ⇒ 해중금海中金 양陽과

계사癸巳 ⇒ 장류수長流水 음陰이 들어서면

갑자일甲子 ⇒ 해중금海中金 양陽과

계미癸未 ⇒ 양류목楊柳木 음陰이 들어서면
갑자일甲子 ⇒ 해중금海中金 양陽과
계유癸酉 ⇒ 검봉금劍鋒金 음陰이 들어서면
갑자일甲子 ⇒ 해중금海中金 양陽과
계해癸亥 ⇒ 대해수大海水 음陰이 들어서면
갑인일甲寅 ⇒ 대계수大溪水 양陽과
계축癸丑 ⇒ 상자목桑柘木 음陰이 들어서면
갑인일甲寅 ⇒ 대계수大溪水 양陽과
계묘癸卯 ⇒ 금박금金箔金 음陰이 들어서면
갑인일甲寅 ⇒ 대계수大溪水 양陽과
계사癸巳 ⇒ 장류수長流水 음陰이 들어서면
갑인일甲寅 ⇒ 대계수大溪水 양陽과
계미癸未 ⇒ 양류목楊柳木 음陰이 들어서면
갑인일甲寅 ⇒ 대계수大溪水 양陽과
계유癸酉 ⇒ 검봉금劍鋒金 음陰이 들어서면
갑인일甲寅 ⇒ 대계수大溪水 양陽과
계해癸亥 ⇒ 대해수大海水 음陰이 들어서면
갑진일甲辰 ⇒ 복등화覆燈火 양陽과
계축癸丑 ⇒ 상자목桑柘木 음陰이 들어서면
갑진일甲辰 ⇒ 복등화覆燈火 양陽과
계묘癸卯 ⇒ 금박금金箔金 음陰이 들어서면
갑진일甲辰 ⇒ 복등화覆燈火 양陽과
계사癸巳 ⇒ 장류수長流水 음陰이 들어서면

갑진일甲辰 ⇒ 복등화覆燈火 양陽과
계미癸未 ⇒ 양류목楊柳木 음陰이 들어서면
갑진일甲辰 ⇒ 복등화覆燈火 양陽과
계유癸酉 ⇒ 검봉금劍鋒金 음陰이 들어서면
갑진일甲辰 ⇒ 복등화覆燈火 양陽과
계해癸亥 ⇒ 대해수大海水 음陰이 들어서면
갑오일甲午 ⇒ 사중금沙中金 양陽과
계축癸丑 ⇒ 상자목桑柘木 음陰이 들어서면
갑오일甲午 ⇒ 사중금沙中金 양陽과
계묘癸卯 ⇒ 금박금金箔金 음陰이 들어서면
갑오일甲午 ⇒ 사중금沙中金 양陽과
계사癸巳 ⇒ 장류수長流水 음陰이 들어서면
갑오일甲午 ⇒ 사중금沙中金 양陽과
계미癸未 ⇒ 양류목楊柳木 음陰이 들어서면
갑오일甲午 ⇒ 사중금沙中金 양陽과
계유癸酉 ⇒ 검봉금劍鋒金 음陰이 들어서면
갑오일甲午 ⇒ 사중금沙中金 양陽과
계해癸亥 ⇒ 대해수大海水 음陰이 들어서면
갑신일甲申 ⇒ 천중수泉中水 양陽과
계축癸丑 ⇒ 상자목桑柘木 음陰이 들어서면
갑신일甲申 ⇒ 천중수泉中水 양陽과
계묘癸卯 ⇒ 금박금金箔金 음陰이 들어서면
갑신일甲申 ⇒ 천중수泉中水 양陽과

계사癸巳 ⇒ 장류수長流水 음陰이 들어서면

갑신일甲申 ⇒ 천중수泉中水 양陽과

계미癸未 ⇒ 양류목楊柳木 음陰이 들어서면

갑신일甲申 ⇒ 천중수泉中水 양陽과

계유癸酉 ⇒ 검봉금劍鋒金 음陰이 들어서면

갑신일甲申 ⇒ 천중수泉中水 양陽과

계해癸亥 ⇒ 대해수大海水 음陰이 들어서면

갑술일甲戌 ⇒ 산두화山頭火 양陽과

계축癸丑 ⇒ 상자목桑柘木 음陰이 들어서면

갑술일甲戌 ⇒ 산두화山頭火 양陽과

계묘癸卯 ⇒ 금박금金箔金 음陰이 들어서면

갑술일甲戌 ⇒ 산두화山頭火 양陽과

계사癸巳 ⇒ 장류수長流水 음陰이 들어서면

갑술일甲戌 ⇒ 산두화山頭火 양陽과

계미癸未 ⇒ 양류목楊柳木 음陰이 들어서면

갑술일甲戌 ⇒ 산두화山頭火 양陽과

계유癸酉 ⇒ 검봉금劍鋒金 음陰이 들어서면

갑술일甲戌 ⇒ 산두화山頭火 양陽과

계해癸亥 ⇒ 대해수大海水 음陰이 들어서면

천간天干 합合에 대하여

1) 갑기합甲己合은 토土 ⇒ 중정지합中正之合

사람이 타고나기를 도량이 넓고 점잖으며 신의가 두텁고 많은 사람들로부터 존경을 받는 인물이 많다는 것이다.

갑甲 ⇒ **양**陽

(1) 갑자甲子 ⇒ 해중금海中金 양陽
(2) 갑인甲寅 ⇒ 대계수大溪水 양陽
(3) 갑진甲辰 ⇒ 복등화覆燈火 양陽
(4) 갑오甲午 ⇒ 사중금沙中金 양陽
(5) 갑신甲申 ⇒ 천중수泉中水 양陽
(6) 갑술甲戌 ⇒ 산두화山頭火 양陽

기己 ⇒ **음**陰

(1) 기축己丑 ⇒ 벽력화霹靂火 음陰
(2) 기묘己卯 ⇒ 성두토城頭土 음陰
(3) 기사己巳 ⇒ 대림목大林木 음陰
(4) 기미己未 ⇒ 천상화天上火 음陰
(5) 기유己酉 ⇒ 대역토大驛土 음陰
(6) 기해己亥 ⇒ 평지목平地木 음陰

火의 氣運: 陽火 甲辰 覆燈火, 甲戌 山頭火
陰火 己丑 霹靂火, 己未 天上火
水의 氣運: 陽水 甲寅 大溪水, 甲申 泉中水
陰水 없음
木의 氣運: 陽木 없음
陰木 己巳 大林木, 己亥 平地木
金의 氣運: 陽金 甲子 海中金, 甲午 砂中金
陰金 없음
土의 氣運: 陽土 없음
陰土 己卯 城頭土, 己酉 大驛土

*** 갑기합甲己合은 토土가 아니라 화火다. 이를 간략하게 설명하면 이렇다.**

양화陽火 갑진甲辰 복등화覆燈火, 갑술甲戌 산두화山頭火, 음화陰火 기축己丑 벽력화霹靂火, 기미己未 천상화天上火가 합하여 화火를 이룬다. 천상화天上火의 기운이 복등화覆燈火의 난폭함을 다스리고 산두화山頭火의 올바름과 직성을 도우며, 벽력화霹靂火의 급한 성격을 다스린다. 때문에 마음이 넓고 자애로우며, 우러름을 받게 만든다.

2) 을경합乙庚合은 금金 ⇒ 인의지합仁義之合

성격이 과감하고 강직한 면이 있으며 인의가 두텁다고 한다. 때론 경솔한 사람이 있다고 이른다.

을乙 ⇒ **음**陰	**경**庚 ⇒ **양**陽
(1) 을축乙丑 ⇒ 해중금海中金 음陰	(1) 경자庚子 ⇒ 벽상토壁上土 양陽
(2) 을묘乙卯 ⇒ 대계수大溪水 음陰	(2) 경인庚寅 ⇒ 송백목松柏木 양陽
(3) 을사乙巳 ⇒ 복등화覆燈火 음陰	(3) 경진庚辰 ⇒ 백납금白鑞金 양陽
(4) 을미乙未 ⇒ 사중금沙中金 음陰	(4) 경오庚午 ⇒ 노방토路傍土 양陽
(5) 을유乙酉 ⇒ 천중수泉中水 음陰	(5) 경신庚申 ⇒ 석류목石榴木 양陽
(6) 을해乙亥 ⇒ 산두화山頭火 음陰	(6) 경술庚戌 ⇒ 차천금鎈釧金 양陽

火의 氣運:	陽火 없음
	陰火 乙巳 覆燈火, 乙亥 山頭火
水의 氣運:	陽水 없음
	陰水 乙卯 大溪水, 乙酉 泉中水
木의 氣運:	陽木 庚寅 松柏木, 庚申 石榴木
	陰木 없음
金의 氣運:	陽金 庚辰 白鑞金, 庚戌 鎈釧金
	陰金 乙丑 海中金, 乙未 砂中金
土의 氣運:	陽土 庚子 壁上土, 庚午 路傍土
	陰土 없음

이를 간략하게 설명하면 이렇다.

양금陽金 경진庚辰 백납금白鑞金, 경술庚戌 차천금鎈釧金, 음금陰金 을축

乙丑 해중금海中金, 을미乙未 사중금砂中金이 합하여 금金의 기운을 이룬다. 백납금白鑞金의 여유롭고 融通性으로 차천금鎈釧金의 따져 드는 성질을 다스리고 해중금海中金의 억세며 거친 삶을 다독이며, 사중금砂中金의 겉치레를 다스린다. 금의 기운이라 강직하다는 것은 해중금海中金을 이르고 경솔하다함은 차천금鎈釧金과 사중금砂中金을 이른다.

3) 병신합丙辛合은 수水 ⇒ 위엄지합威嚴之合

사람이 위험성이 있고 성질 또한 무례하며 잔인하고 색色을 즐긴다고 한다.

병丙 ⇒ **양**陽	**신**辛 ⇒ **음**陰
(1) 병자丙子 ⇒ 간하수澗下水 양陽	(1) 신축辛丑 ⇒ 벽상토壁上土 음陰
(2) 병인丙寅 ⇒ 노중화爐中火 양陽	(2) 신묘辛卯 ⇒ 송백목松柏木 음陰
(3) 병진丙辰 ⇒ 사중토沙中土 양陽	(3) 신사辛巳 ⇒ 백납금白鑞金 음陰
(4) 병오丙午 ⇒ 천하수天下水 양陽	(4) 신미辛未 ⇒ 노방토路傍土 음陰
(5) 병신丙申 ⇒ 산하화山下火 양陽	(5) 신유辛酉 ⇒ 석류목石榴木 음陰
(6) 병술丙戌 ⇒ 옥상토屋上土 양陽	(6) 신해辛亥 ⇒ 차천금鎈釧金 음陰

火의 氣運: 陽火 丙寅 爐中火, 丙申 山下火

陰火 없음

水의 氣運: 陽水 丙子 澗下水, 丙午 天下水

陰水 없음

木의 氣運: 陽木 없음

陰木 辛卯 松柏木, 辛酉 石榴木

金의 氣運: 陽金 없음

陰金 辛巳 白鑞金, 신해 차천금

土의 氣運: 陽土 丙辰 沙中土, 丙戌 屋上土

陰土 辛丑 壁上土, 辛未 路傍土

*** 병신합丙辛合은 수水가 아니라 토土다. 이를 간략하게 설명하면 이렇다.**

양토陽土 병진丙辰 사중토沙中土, 병술丙戌 옥상토屋上土, 음토陰土 신축辛丑 벽상토壁上土, 신미辛未 노방토路傍土가 합하여 토土의 기운을 이룬다. 위험성이 있다함은 매사에 사상누각沙上樓閣인 사중토沙中土를 이르며, 무례하다함은 위아래를 모르고 까부는 옥상토屋上土를 이르며, 잔인하다함은 옥상토屋上土와 벽상토壁上土가 만나 관을 짜기 때문이며, 색을 즐긴다함은 노방토路傍土를 이르는 것이니, 누가 보든 개의치 않는 성격 때문이다. 벽상토壁上土 기운 또한 그렇다.

4) 정임합丁壬合은 목木 ⇒ 인수지합仁壽之合

사람이 감정에 치우치기가 쉽고 호색가好色家이며 질투심이 많다고 한다.

정丁 ⇒ **음**陰

(1) 정축丁丑 ⇒ **간하수**澗下水 음陰
(2) 정묘丁卯 ⇒ **노중화**爐中火 음陰
(3) 정사丁巳 ⇒ **사중토**沙中土 음陰
(4) 정미丁未 ⇒ **천하수**天下水 음陰
(5) 정유丁酉 ⇒ **산하화**山下火 음陰
(6) 정해丁亥 ⇒ **옥상토**屋上土 음陰

임壬 ⇒ **양**陽

(1) 임자壬子 ⇒ **상자목**桑柘木 양陽
(2) 임인壬寅 ⇒ **금박금**金箔金 양陽
(3) 임진壬辰 ⇒ **장류수**長流水 양陽
(4) 임오壬午 ⇒ **양류목**楊柳木 양陽
(5) 임신壬申 ⇒ **검봉금**劍鋒金 양陽
(6) 임술壬戌 ⇒ **대해수**大海水 양陽

火의 氣運: 陽火 없음
陰火 丁卯 爐中火, 丁酉 山下火
水의 氣運: 陽水 壬辰 長流水, 壬戌 大海水
陰水 丁丑 澗下水, 丁未 天下水
木의 氣運: 陽木 壬子 桑柘木, 壬午 楊柳木
陰木 없음
金의 氣運: 陽金 壬寅 金箔金, 壬申 劍鋒金
陰金 없음
土의 氣運: 陽土 없음
陰土 丁巳 沙中土, 丁亥 屋上土

*** 정임합丁壬合은 목木이 아니라 수水이다. 이를 간략하게 설명하면 이렇다.**

양수陽水 임진壬辰 장류수長流水, 임술壬戌 대해수大海水, 음수陰水 정축丁丑 간하수澗下水, 정미丁未 천하수天下水가 합하여 수水의 기운을 이룬다. 물의 기운이라 감정에 치우친다고 이른 것이며, 호색가好色家라고 하는 것은 물을 많이 흘리고 다닌다는 뜻이다. 질투심은 간하수澗下水의 기운을 이르는 것이니, 장류수長流水 또한 그러하며, 대해수大海水 또한 그렇다.

5) 무계합戊癸合은 화火 ⇒ 무정지합無情之合

사람이 타고나기를 지혜가 있고 총명하기는 하나 부부 사이가 좋지 못한 사람이 많다는 것이다.

무戊 ⇒ **양**陽

(1) 무자戊子 ⇒ 벽력화霹靂火 양陽
(2) 무인戊寅 ⇒ 성두토城頭土 양陽
(3) 무진戊辰 ⇒ 대림목大林木 양陽
(4) 무오戊午 ⇒ 천상화天上火 양陽
(5) 무신戊申 ⇒ 대역토大驛土 양陽
(6) 무술戊戌 ⇒ 평지목平地木 양陽

계癸 ⇒ **음**陰

(1) 계축癸丑 ⇒ 상자목桑柘木 음陰
(2) 계묘癸卯 ⇒ 금박금金箔金 음陰
(3) 계사癸巳 ⇒ 장류수長流水 음陰
(4) 계미癸未 ⇒ 양류목楊柳木 음陰
(5) 계유癸酉 ⇒ 검봉금劍鋒金 음陰
(6) 계해癸亥 ⇒ 대해수大海水 음陰

火의 氣運: 陽火 戊子 霹靂火, 戊午 天上火
陰火 없음
水의 氣運: 陽水 없음
陰水 癸巳 長流水, 癸亥 大海水
木의 氣運: 陽木 戊辰 大林木, 戊戌 平地木
陰木 癸丑 桑柘木, 癸未 楊柳木
金의 氣運: 陽金 없음
陰金 癸卯 金箔金, 癸酉 劍鋒金
土의 氣運: 陽土 戊寅 城頭土, 戊申 大驛土
陰土 없음

*** 무계합戊癸合은 화火가 아니라 목木이다. 이를 간략하게 설명하면 이렇다.**

양목陽木 무진戊辰 대림목大林木, 무술戊戌 평지목平地木, 음목陰木 계축癸丑 상자목桑柘木, 계미癸未 양류목楊柳木이 합하여 목木의 기운을 이룬다. 대림목大林木, 양류목楊柳木, 평지목平地木의 지혜를 이르며, 총명함을 말한다. 사이가 좋지 않다함은 상자목桑柘木을 이르는 것이니, 매우 이기적이기 때문이다.

이는 매우 기초적基礎的인 음양론陰陽論, 2상론二象論일 뿐이다. 4상론四象論, 8상론八象論으로 풀어내면 그 세밀하고 자세함을 잘 알 것이다.

예를 들면 이렇다.

4상론四象論

갑자일甲子日 ⇒ 해중금海中金 양陽과 갑인일甲寅日 ⇒ 대계수大溪水 양陽의 조합은 다음과 같다.

1) 갑자일甲子日 ⇒ 해중금海中金 태양太陽
2) 갑자일甲子日 ⇒ 해중금海中金 소음少陰
3) 갑자일甲子日 ⇒ 해중금海中金 소양少陽
4) 갑자일甲子日 ⇒ 해중금海中金 태음太陰

1) 갑인일甲寅日 ⇒ 대계수大溪水 태양太陽
2) 갑인일甲寅日 ⇒ 대계수大溪水 소음少陰
3) 갑인일甲寅日 ⇒ 대계수大溪水 소양少陽
4) 갑인일甲寅日 ⇒ 대계수大溪水 태음太陰의 조합은 이렇다.

(1) 갑자일甲子日 ⇒ 해중금海中金 태양太陽
갑인일甲寅日 ⇒ 대계수大溪水 태양太陽
(2) 갑자일甲子日 ⇒ 해중금海中金 태양太陽
갑인일甲寅日 ⇒ 대계수大溪水 소음少陰
(3) 갑자일甲子日 ⇒ 해중금海中金 태양太陽
갑인일甲寅日 ⇒ 대계수大溪水 소양少陽
(4) 갑자일甲子日 ⇒ 해중금海中金 태양太陽
갑인일甲寅日 ⇒ 대계수大溪水 태음太陰
(5) 갑자일甲子日 ⇒ 해중금海中金 소음少陰

갑인일甲寅日 ⇒ 대계수大溪水 태양太陽

(6) 갑자일甲子日 ⇒ 해중금海中金 소음少陰

갑인일甲寅日 ⇒ 대계수大溪水 소음少陰

(7) 갑자일甲子日 ⇒ 해중금海中金 소음少陰

갑인일甲寅日 ⇒ 대계수大溪水 소양少陽

(8) 갑자일甲子日 ⇒ 해중금海中金 소음少陰

갑인일甲寅日 ⇒ 대계수大溪水 태음太陰

(9) 갑자일甲子日 ⇒ 해중금海中金 소양少陽

갑인일甲寅日 ⇒ 대계수大溪水 태양太陽

(10) 갑자일甲子日 ⇒ 해중금海中金 소양少陽

갑인일甲寅日 ⇒ 대계수大溪水 소음少陰

(11) 갑자일甲子日 ⇒ 해중금海中金 소양少陽

갑인일甲寅日 ⇒ 대계수大溪水 소양少陽

(12) 갑자일甲子日 ⇒ 해중금海中金 소양少陽

갑인일甲寅日 ⇒ 대계수大溪水 태음太陰

(13) 갑자일甲子日 ⇒ 해중금海中金 태음太陰

갑인일甲寅日 ⇒ 대계수大溪水 태양太陽

(14) 갑자일甲子日 ⇒ 해중금海中金 태음太陰

갑인일甲寅日 ⇒ 대계수大溪水 소음少陰

(15) 갑자일甲子日 ⇒ 해중금海中金 태음太陰

갑인일甲寅日 ⇒ 대계수大溪水 소양少陽

(16) 갑자일甲子日 ⇒ 해중금海中金 태음太陰

갑인일甲寅日 ⇒ 대계수大溪水 태음太陰을 이른다.

눈이 밝은 스승을 만나 제대로 묻고 알아서 그 깊이를 더해야 할 것이다.

8상론八象論

갑자일甲子日 ⇒ 해중금海中金 양陽과 갑인일甲寅日 ⇒ 대계수大溪水 양陽의 조합은 다음과 같다.

1) 갑자일甲子日 ⇒ 해중금海中金 양陽 태양太陽
2) 갑자일甲子日 ⇒ 해중금海中金 양陽 소음少陰
3) 갑자일甲子日 ⇒ 해중금海中金 양陽 소양少陽
4) 갑자일甲子日 ⇒ 해중금海中金 양陽 태음太陰
5) 갑자일甲子日 ⇒ 해중금海中金 음陰 태양太陽
6) 갑자일甲子日 ⇒ 해중금海中金 음陰 소음少陰
7) 갑자일甲子日 ⇒ 해중금海中金 음陰 소양少陽
8) 갑자일甲子日 ⇒ 해중금海中金 음陰 태음太陰

1) 갑인일甲寅日 ⇒ 대계수大溪水 양陽 태양太陽
2) 갑인일甲寅日 ⇒ 대계수大溪水 양陽 소음少陰
3) 갑인일甲寅日 ⇒ 대계수大溪水 양陽 소양少陽
4) 갑인일甲寅日 ⇒ 대계수大溪水 양陽 태음太陰
5) 갑인일甲寅日 ⇒ 대계수大溪水 음陰 태양太陽
6) 갑인일甲寅日 ⇒ 대계수大溪水 음陰 소음少陰

7) 갑인일甲寅日 ⇒ 대계수大溪水 음陰 소양少陽

8) 갑인일甲寅日 ⇒ 대계수大溪水 음陰 태음太陰의 조합은 다음과 같다.

(1) 갑자일甲子日 ⇒ 해중금海中金 양陽 태양太陽
갑인일甲寅日 ⇒ 대계수大溪水 양陽 태양太陽

(2) 갑자일甲子日 ⇒ 해중금海中金 양陽 태양太陽
갑인일甲寅日 ⇒ 대계수大溪水 양陽 소음少陰

(3) 갑자일甲子日 ⇒ 해중금海中金 양陽 태양太陽
갑인일甲寅日 ⇒ 대계수大溪水 양陽 소양少陽

(4) 갑자일甲子日 ⇒ 해중금海中金 양陽 태양太陽
갑인일甲寅日 ⇒ 대계수大溪水 양陽 태음太陰

(5) 갑자일甲子日 ⇒ 해중금海中金 양陽 태양太陽
갑인일甲寅日 ⇒ 대계수大溪水 음陰 태양太陽

(6) 갑자일甲子日 ⇒ 해중금海中金 양陽 태양太陽
갑인일甲寅日 ⇒ 대계수大溪水 음陰 소음少陰

(7) 갑자일甲子日 ⇒ 해중금海中金 양陽 태양太陽
갑인일甲寅日 ⇒ 대계수大溪水 음陰 소양少陽

(8) 갑자일甲子日 ⇒ 해중금海中金 양陽 태양太陽
갑인일甲寅日 ⇒ 대계수大溪水 음陰 태음太陰

(9) 갑자일甲子日 ⇒ 해중금海中金 양陽 소음少陰
갑인일甲寅日 ⇒ 대계수大溪水 양陽 태양太陽

(10) 갑자일甲子日 ⇒ 해중금海中金 양陽 소음少陰
갑인일甲寅日 ⇒ 대계수大溪水 양陽 소음少陰

(11) 갑자일甲子日 ⇒ 해중금海中金 양陽 소음少陰

갑인일甲寅日 ⇒ 대계수大溪水 양陽 소양少陽

(12) 갑자일甲子日 ⇒ 해중금海中金 양陽 소음少陰

갑인일甲寅日 ⇒ 대계수大溪水 양陽 태음太陰

(13) 갑자일甲子日 ⇒ 해중금海中金 양陽 소음少陰

갑인일甲寅日 ⇒ 대계수大溪水 음陰 태양太陽

(14) 갑자일甲子日 ⇒ 해중금海中金 양陽 소음少陰

갑인일甲寅日 ⇒ 대계수大溪水 음陰 소음少陰

(15) 갑자일甲子日 ⇒ 해중금海中金 양陽 소음少陰

갑인일甲寅日 ⇒ 대계수大溪水 음陰 소양少陽

(16) 갑자일甲子日 ⇒ 해중금海中金 양陽 소음少陰

갑인일甲寅日 ⇒ 대계수大溪水 음陰 태음太陰

(17) 갑자일甲子日 ⇒ 해중금海中金 양陽 소양少陽

갑인일甲寅日 ⇒ 대계수大溪水 양陽 태양太陽

(18) 갑자일甲子日 ⇒ 해중금海中金 양陽 소양少陽

갑인일甲寅日 ⇒ 대계수大溪水 양陽 소음少陰

(19) 갑자일甲子日 ⇒ 해중금海中金 양陽 소양少陽

갑인일甲寅日 ⇒ 대계수大溪水 양陽 소양少陽

(20) 갑자일甲子日 ⇒ 해중금海中金 양陽 소양少陽

갑인일甲寅日 ⇒ 대계수大溪水 양陽 태음太陰

(21) 갑자일甲子日 ⇒ 해중금海中金 양陽 소양少陽

갑인일甲寅日 ⇒ 대계수大溪水 음陰 태양太陽

(22) 갑자일甲子日 ⇒ 해중금海中金 양陽 소양少陽

갑인일甲寅日 ⇒ 대계수大溪水 음陰 소음少陰

(23) 갑자일甲子日 ⇒ 해중금海中金 양陽 소양少陽

갑인일甲寅日 ⇒ 대계수大溪水 음陰 소양少陽

(24) 갑자일甲子日 ⇒ 해중금海中金 양陽 소양少陽

갑인일甲寅日 ⇒ 대계수大溪水 음陰 태음太陰

(25) 갑자일甲子日 ⇒ 해중금海中金 양陽 태음太陰

갑인일甲寅日 ⇒ 대계수大溪水 양陽 태양太陽

(26) 갑자일甲子日 ⇒ 해중금海中金 양陽 태음太陰

갑인일甲寅日 ⇒ 대계수大溪水 양陽 소음少陰

(27) 갑자일甲子日 ⇒ 해중금海中金 양陽 태음太陰

갑인일甲寅日 ⇒ 대계수大溪水 양陽 소양少陽

(28) 갑자일甲子日 ⇒ 해중금海中金 양陽 태음太陰

갑인일甲寅日 ⇒ 대계수大溪水 양陽 태음太陰

(29) 갑자일甲子日 ⇒ 해중금海中金 양陽 태음太陰

갑인일甲寅日 ⇒ 대계수大溪水 음陰 태양太陽

(30) 갑자일甲子日 ⇒ 해중금海中金 양陽 태음太陰

갑인일甲寅日 ⇒ 대계수大溪水 음陰 소음少陰

(31) 갑자일甲子日 ⇒ 해중금海中金 양陽 태음太陰

갑인일甲寅日 ⇒ 대계수大溪水 음陰 소양少陽

(32) 갑자일甲子日 ⇒ 해중금海中金 양陽 태음太陰

갑인일甲寅日 ⇒ 대계수大溪水 음陰 태음太陰

(33) 갑자일甲子日 ⇒ 해중금海中金 음陰 태양太陽

갑인일甲寅日 ⇒ 대계수大溪水 양陽 태양太陽

(34) 갑자일甲子日 ⇒ 해중금海中金 음陰 태양太陽

갑인일甲寅日 ⇒ 대계수大溪水 양陽 소음少陰

(35) 갑자일甲子日 ⇒ 해중금海中金 음陰 태양太陽

갑인일甲寅日 ⇒ 대계수大溪水 양陽 소양少陽

(36) 갑자일甲子日 ⇒ 해중금海中金 음陰 태양太陽

갑인일甲寅日 ⇒ 대계수大溪水 양陽 태음太陰

(37) 갑자일甲子日 ⇒ 해중금海中金 음陰 태양太陽

갑인일甲寅日 ⇒ 대계수大溪水 음陰 태양太陽

(38) 갑자일甲子日 ⇒ 해중금海中金 음陰 태양太陽

갑인일甲寅日 ⇒ 대계수大溪水 음陰 소음少陰

(39) 갑자일甲子日 ⇒ 해중금海中金 음陰 태양太陽

갑인일甲寅日 ⇒ 대계수大溪水 음陰 소양少陽

(40) 갑자일甲子日 ⇒ 해중금海中金 음陰 태양太陽

갑인일甲寅日 ⇒ 대계수大溪水 음陰 태음太陰

(41) 갑자일甲子日 ⇒ 해중금海中金 음陰 소음少陰

갑인일甲寅日 ⇒ 대계수大溪水 양陽 태양太陽

(42) 갑자일甲子日 ⇒ 해중금海中金 음陰 소음少陰

갑인일甲寅日 ⇒ 대계수大溪水 양陽 소음少陰

(43) 갑자일甲子日 ⇒ 해중금海中金 음陰 소음少陰

갑인일甲寅日 ⇒ 대계수大溪水 양陽 소양少陽

(44) 갑자일甲子日 ⇒ 해중금海中金 음陰 소음少陰

갑인일甲寅日 ⇒ 대계수大溪水 양陽 태음太陰

(45) 갑자일甲子日 ⇒ 해중금海中金 음陰 소음少陰

갑인일甲寅日 ⇒ 대계수大溪水 음陰 태양太陽

(46) 갑자일甲子日 ⇒ 해중금海中金 음陰 소음少陰

갑인일甲寅日 ⇒ 대계수大溪水 음陰 소음少陰

(47) 갑자일甲子日 ⇒ 해중금海中金 음陰 소음少陰

갑인일甲寅日 ⇒ 대계수大溪水 음陰 소양少陽

(48) 갑자일甲子日 ⇒ 해중금海中金 음陰 소음少陰

갑인일甲寅日 ⇒ 대계수大溪水 음陰 태음太陰

(49) 갑자일甲子日 ⇒ 해중금海中金 음陰 소양少陽

갑인일甲寅日 ⇒ 대계수大溪水 양陽 태양太陽

(50) 갑자일甲子日 ⇒ 해중금海中金 음陰 소양少陽

갑인일甲寅日 ⇒ 대계수大溪水 양陽 소음少陰

(51) 갑자일甲子日 ⇒ 해중금海中金 음陰 소양少陽

갑인일甲寅日 ⇒ 대계수大溪水 양陽 소양少陽

(52) 갑자일甲子日 ⇒ 해중금海中金 음陰 소양少陽

갑인일甲寅日 ⇒ 대계수大溪水 양陽 태음太陰

(53) 갑자일甲子日 ⇒ 해중금海中金 음陰 소양少陽

갑인일甲寅日 ⇒ 대계수大溪水 음陰 태양太陽

(54) 갑자일甲子日 ⇒ 해중금海中金 음陰 소양少陽

갑인일甲寅日 ⇒ 대계수大溪水 음陰 소음少陰

(55) 갑자일甲子日 ⇒ 해중금海中金 음陰 소양少陽

갑인일甲寅日 ⇒ 대계수大溪水 음陰 소양少陽

(56) 갑자일甲子日 ⇒ 해중금海中金 음陰 소양少陽

갑인일甲寅日 ⇒ 대계수大溪水 음陰 태음太陰

(57) 갑자일甲子日 ⇒ 해중금海中金 음陰 태음太陰

갑인일甲寅日 ⇒ 대계수大溪水 양陽 태양太陽

(58) 갑자일甲子日 ⇒ 해중금海中金 음陰 태음太陰

갑인일甲寅日 ⇒ 대계수大溪水 양陽 소음少陰

(59) 갑자일甲子日 ⇒ 해중금海中金 음陰 태음太陰

갑인일甲寅日 ⇒ 대계수大溪水 양陽 소양少陽

(60) 갑자일甲子日 ⇒ 해중금海中金 음陰 태음太陰

갑인일甲寅日 ⇒ 대계수大溪水 양陽 태음太陰

(61) 갑자일甲子日 ⇒ 해중금海中金 음陰 태음太陰

갑인일甲寅日 ⇒ 대계수大溪水 음陰 태양太陽

(62) 갑자일甲子日 ⇒ 해중금海中金 음陰 태음太陰

갑인일甲寅日 ⇒ 대계수大溪水 음陰 소음少陰

(63) 갑자일甲子日 ⇒ 해중금海中金 음陰 태음太陰

갑인일甲寅日 ⇒ 대계수大溪水 음陰 소양少陽

(64) 갑자일甲子日 ⇒ 해중금海中金 음陰 태음太陰

갑인일甲寅日 ⇒ 대계수大溪水 음陰 태음太陰을 이른다.

제대로 배우려면 바른 스승을 만나 오랜 세월을 참구해야 할 것이다. 함부로 내뱉을 말은 아닌 것이다.

상극相剋 중에서 상생相生하는 육십갑자六十甲子

① 사중금砂中金과 차천금鎈釧金은 불의 기운이 있어야 하고자 하는 일을 이룰 수가 있다고 한다.

② 천상화天上火, 벽력화霹靂火, 산하화山下火는 물의 기운을 얻어야만 복이 있다고 한다.

③ 평지목平地木은 금金의 기운을 얻지 못하면 그 어떠한 일도 이루지 못한다고 한다.

④ 천하수天下水, 대해수大海水는 흙의 기운을 만나야지만 자연히 형통할 수 있다고 한다.

⑤ 노방토路傍土, 대역토大驛土, 사중토沙中土는 나무의 기운을 얻지 못하면 평생을 거스른다고 한다.

앞의 내용을 분명하게 인지하고 60갑자甲子를 활용함에 있어서 긴요하게 알아야 할 중요한 이론이다.

지지地支 6합六合에 대하여

음양陰陽이 화합化合하는데 6가지가 화합化合한다고 한다.

상생相生은 오행五行이 순행順行하면서 서로 생生하게 하는 기운을 이른다. 목생화木生火 ⇒ 화생토火生土 ⇒ 토생금土生金 ⇒ 금생수金生水 ⇒ 수생금水生木이다.

상극相剋은 오행五行이 서로 만나서 이해득실利害得失을 떠나 서로 피해를 주는 기운을 이른다. 화극금火克金 ⇒ 금극목金克木 ⇒ 목극토木克土 ⇒ 토극수土克水 ⇒ 수극화水克火이다.

상비相比는 같은 오행五行이 만나는 것을 이른다. 화火와 화火, 수水와 수水, 목木과 목木, 금金과 금金, 토土와 토土이다.

1) 자축합子丑合은 토土

자子 ⇒ **양**陽

(1) 갑자甲子 ⇒ 해중금海中金 양陽
(2) 병자丙子 ⇒ 간하수澗下水 양陽
(3) 무자戊子 ⇒ 벽력화霹靂火 양陽
(4) 경자庚子 ⇒ 벽상토壁上土 양陽
(5) 임자壬子 ⇒ 상자목桑柘木 양陽

축丑 ⇒ **음**陰

(1) 을축乙丑 ⇒ 해중금海中金 음陰
(2) 정축丁丑 ⇒ 간하수澗下水 음陰
(3) 기축己丑 ⇒ 벽력화霹靂火 음陰
(4) 신축辛丑 ⇒ 벽상토壁上土 음陰
(5) 계축癸丑 ⇒ 상자목桑柘木 음陰

간략하게 설명하면 다음과 같다.

자축합子丑合은 토土가 아니라는 것이다. 각 지지地支마다 오행五行이 배속配屬되어 있는 것이니, 상생相生, 상극相剋, 상비相比가 함께하는 것이 주역周易을 바탕으로 한 오행五行의 논리다. 모든 6합六合이 다 그렇다.

갑자甲子 ⇒ 해중금海中金 양陽과 을축乙丑 ⇒ 해중금海中金 음陰이 들어서면 해중금海中金 음양陰陽의 조합이라 더 거칠고 크며, 고된 일이 앞에 나선다. 같은 기운이나 음양陰陽의 합合이라 더 보탬이 있다.

갑자甲子 ⇒ 해중금海中金 양陽과 정축丁丑 ⇒ 간하수澗下水 음陰이 들어서면 수생금水生金이라고 하지만 간하수澗下水의 기운이 작고 간교奸巧함에 해중금海中金의 기운이 거칠어지고 간하수澗下水를 우습게 보면서 깔본다.

갑자甲子 ⇒ 해중금海中金 양陽과 기축己丑 ⇒ 벽력화霹靂火 음陰이 들어서면 화극금火克金이라 벽력화霹靂火의 급한 기질에 해중금海中金의 기운이 놀라고 화가 날 뿐이다.

갑자甲子 ⇒ 해중금海中金 양陽과 신축辛丑 ⇒ 벽상토壁上土 음陰이 들어서면 토생금土生金이라 하더라도 벽상토壁上土가 모든 귀를 막고 듣지 않으니 답답하기만 하다. 해중금海中金이 더욱 거칠어진다.

갑자甲子 ⇒ 해중금海中金 양陽과 계축癸丑 ⇒ 상자목桑柘木 음陰이 들어서면 금극목金克木이라 상자목桑柘木이 부러져 나간다. 상자목桑柘木의 고집에 해중금海中金이 갑갑하다.

병자丙子 ⇒ 간하수澗下水 양陽과 을축乙丑 ⇒ 해중금海中金 음陰이 들어서면 간하수澗下水가 해중금海中金의 기운을 다 들이키고 해중금海中金의 기운을 믿고 기고만장氣高萬丈하다.

병자丙子 ⇒ 간하수澗下水 양陽과 정축丁丑 ⇒ 간하수澗下水 음陰이 들어서면 간하수澗下水 음양陰陽의 조합이지만, 더 간사하고 간교하며 제 앞가림만을 더하게 되는 것이니, 합合이라 볼 수 없다.

병자丙子 ⇒ 간하수澗下水 양陽과 기축己丑 ⇒ 벽력화霹靂火 음陰이 들어서면 벽력화霹靂火는 물이 꼭 필요하건만 찔끔찔끔 물을 대주는 간하수澗下水의 장난에 마음만 타들어 간다.

병자丙子 ⇒ 간하수澗下水 양陽과 신축辛丑 ⇒ 벽상토壁上土 음陰이 들어서면 수극토水克土라고 하지만 간하수澗下水의 조잔한 기운을 벽상토壁上土 음陰의 기운이 모아서 힘이 되어준다. 잔돈푼을 모아 큰돈을 만든다.

병자丙子 ⇒ 간하수澗下水 양陽과 계축癸丑 ⇒ 상자목桑柘木 음陰이 들어서면 수생목水生木이라고 하지만 너무 간간히 흐르는 물에 상자목桑柘木이 가슴을 부여잡고 간하수澗下水의 잔소리에 상자목桑柘木이 다 죽어간다.

무자戊子 ⇒ 벽력화霹靂火 양陽과 을축乙丑 ⇒ 해중금海中金 음陰이 들어서면 화극금火克金이라 벽력화霹靂火의 다급함에 해중금海中金의 무거움이 사라지고 놀란 가슴을 달랜다. 돈이야 된다지만 돈보다는 마음이 편해야 하지 않겠는가.

무자戊子 ⇒ 벽력화霹靂火 양陽과 정축丁丑 ⇒ 간하수澗下水 음陰이 들어서면 벽력화霹靂火가 물이 필요하지만 간하수澗下水의 기운이 너무 약하기 때문에 무시하고 내던져 버린다.

무자戊子 ⇒ 벽력화霹靂火 양陽과 기축己丑 ⇒ 벽력화霹靂火 음陰이 들어서면 벽력화霹靂火 음양陰陽의 조합이지만 그 급한 성격에 기름을 붓는 격이다. 또한 눈이 먼 큰돈이 들어오는 기운이다.

무자戊子 ⇒ 벽력화霹靂火 양陽과 신축辛丑 ⇒ 벽상토壁上土 음陰이 들어서면 화생토火生土라고 하지만 벽력화霹靂火의 기운에 벽상토壁上土의 기운이 깨지고 모든 것이 흩어진다.

무자戊子 ⇒ 벽력화霹靂火 양陽과 계축癸丑 ⇒ 상자목桑柘木 음陰이 들어서면 화생목火生木이라고 하지만 상자목桑柘木의 고집을 벽력화霹靂火가 부러트린다. 급한 기운에 더하여 더 급하게만 만든다.

경자庚子 ⇒ 벽상토壁上土 양陽과 을축乙丑 ⇒ 해중금海中金 음陰이 들어서면 토생금土生金이다. 벽상토壁上土가 해중금海中金의 고된 삶을 통해 재산을 불린다. 해중금海中金의 고통苦痛은 이루 말할 수 없는 것이니, 벽상토壁上土가 모든 것을 간섭한다.

경자庚子 ⇒ 벽상토壁上土 양陽과 정축丁丑 ⇒ 간하수澗下水 음陰이 들어서면 토극수土克水다. 벽상토壁上土가 간하수澗下水를 틀어막고 놓아주지를 않는다. 간하수澗下水의 그 작은 노고勞苦를 통하여 몸을 식히는 벽상토壁上土다.

경자庚子 ⇒ 벽상토壁上土 양陽과 기축己丑 ⇒ 벽력화霹靂火 음陰이 들어서면 벽상토壁上土의 기운이 그 급한 벽력화霹靂火의 성격을 붙들고 있다. 벽력화霹靂火의 답답함이 하늘을 찌른다.

경자庚子 ⇒ 벽상토壁上土 양陽과 신축辛丑 ⇒ 벽상토壁上土 음陰이 들어서면 안으로 거두어들이고 내놓지를 않는다. 욕심이 이를 데 없이 많다. 스스로를 가두어 놓고 산다.

경자庚子 ⇒ 벽상토壁上土 양陽과 계축癸丑 ⇒ 상자목桑柘木 음陰이 들어서면 벽상토壁上土의 기운이 상자목桑柘木을 가둬놓고 고집을 꺾어버린다. 토극목土克木이다.

임자壬子 ⇒ 상자목桑柘木 양陽과 을축乙丑 ⇒ 해중금海中金 음陰이 들어서면 상자목桑柘木이 해중금海中金을 몽둥이로 패면서 일만 시키고 제 욕심만을 차린다.

임자壬子 ⇒ 상자목桑柘木 양陽과 정축丁丑 ⇒ 간하수澗下水 음陰이 들어서면 상자목桑柘木이 간하수澗下水의 조잔함을 탓하고 못살게 군다.

임자壬子 ⇒ 상자목桑柘木 양陽과 기축己丑 ⇒ 벽력화霹靂火 음陰이 들어서면 상자목桑柘木이 벽력화霹靂火의 급한 버릇을 고치기 위해 고집을 피우지만 벽력화霹靂火의 우직함을 이길 수 없다.

임자壬子 ⇒ 상자목桑柘木 양陽과 신축辛丑 ⇒ 벽상토壁上土 음陰이 들어서면 상자목桑柘木이 벽상토壁上土의 답답함을 지적하고 탓하면서 잔소리를 하지만 벽상토壁上土가 들은 척만 한다.

임자壬子 ⇒ 상자목桑柘木 양陽과 계축癸丑 ⇒ 상자목桑柘木 음陰이 들어서면 상비相比라고는 하지만 상자목桑柘木 음양陰陽의 기운이 합해서 더욱 고집이 세지고 얼굴에 더욱 두꺼운 가면을 쓴다.

때문에 자축합子丑合은 토土가 아니라는 것이다. 이는 음양陰陽 2론二論일 뿐이다. 4상론四象論과 8상론八象論을 펼치면 더욱 세밀해지고 자세하게 된다. 예를 들면 다음과 같다.

4상론四象論

1) **갑자**甲子 ⇒ **해중금**海中金 **태양**太陽
2) **갑자**甲子 ⇒ **해중금**海中金 **소음**少陰
3) **갑자**甲子 ⇒ **해중금**海中金 **소양**少陽
4) **갑자**甲子 ⇒ **해중금**海中金 **태음**太陰

1) **정축**丁丑 ⇒ **간하수**澗下水 **태양**太陽
2) **정축**丁丑 ⇒ **간하수**澗下水 **소음**少陰
3) **정축**丁丑 ⇒ **간하수**澗下水 **소양**少陽
4) **정축**丁丑 ⇒ **간하수**澗下水 **태음**太陰

이를 조합하여 나열하면 다음과 같다. 모든 6합六合이 이를 따른다.

1) 갑자甲子 ⇒ 해중금海中金 태양太陽 정축丁丑 ⇒ 간하수澗下水 태양太陽
2) 갑자甲子 ⇒ 해중금海中金 태양太陽 정축丁丑 ⇒ 간하수澗下水 소음少陰
3) 갑자甲子 ⇒ 해중금海中金 태양太陽 정축丁丑 ⇒ 간하수澗下水 소양少陽
4) 갑자甲子 ⇒ 해중금海中金 태양太陽 정축丁丑 ⇒ 간하수澗下水 태음太陰
5) 갑자甲子 ⇒ 해중금海中金 소음少陰 정축丁丑 ⇒ 간하수澗下水 태양太陽
6) 갑자甲子 ⇒ 해중금海中金 소음少陰 정축丁丑 ⇒ 간하수澗下水 소음少陰
7) 갑자甲子 ⇒ 해중금海中金 소음少陰 정축丁丑 ⇒ 간하수澗下水 소양少陽
8) 갑자甲子 ⇒ 해중금海中金 소음少陰 정축丁丑 ⇒ 간하수澗下水 태음太陰

9) 갑자甲子 ⇒ 해중금海中金 소양少陽 정축丁丑 ⇒ 간하수澗下水 태양太陽

10)갑자甲子 ⇒ 해중금海中金 소양少陽 정축丁丑 ⇒ 간하수澗下水 소음少陰

11) 갑자甲子 ⇒ 해중금海中金 소양少陽 정축丁丑 ⇒ 간하수澗下水 소양少陽

12) 갑자甲子 ⇒ 해중금海中金 소양少陽 정축丁丑 ⇒ 간하수澗下水 태음太陰

13) 갑자甲子 ⇒ 해중금海中金 태음太陰 정축丁丑 ⇒ 간하수澗下水 태양太陽

14) 갑자甲子 ⇒ 해중금海中金 태음太陰 정축丁丑 ⇒ 간하수澗下水 소음少陰

15) 갑자甲子 ⇒ 해중금海中金 태음太陰 정축丁丑 ⇒ 간하수澗下水 소양少陽

16) 갑자甲子 ⇒ 해중금海中金 태음太陰 정축丁丑 ⇒ 간하수澗下水 태음太陰

으로 세분화가 된다.

모든 육합이 이를 따르며, 이를 8상론으로 세분화하면 다음과 같다.

8상론八象論

1) 갑자甲子 ⇒ 해중금海中金 양陽 태양太陽

1) 정축丁丑 ⇒ 간하수澗下水 양陽 태양太陽

2) 갑자甲子 ⇒ 해중금海中金 양陽 소음少陰

2) 정축丁丑 ⇒ 간하수澗下水 양陽 소음少陰

3) 갑자甲子 ⇒ 해중금海中金 양陽 소양少陽

3) 정축丁丑 ⇒ 간하수澗下水 양陽 소양少陽

4) 갑자甲子 ⇒ 해중금海中金 양陽 태음太陰

4) 정축丁丑 ⇒ 간하수澗下水 양陽 태음太陰.

5) 갑자甲子 ⇒ 해중금海中金 음陰 태양太陽

5) 정축丁丑 ⇒ 간하수澗下水 음陰 태양太陽

6) 갑자甲子 ⇒ 해중금海中金 음陰 소음少陰

6) 정축丁丑 ⇒ 간하수澗下水 음陰 소음少陰

7) 갑자甲子 ⇒ 해중금海中金 음陰 소양少陽

7) 정축丁丑 ⇒ 간하수澗下水 음陰 소양少陽

8) 갑자甲子 ⇒ 해중금海中金 음陰 태음太陰

8) 정축丁丑 ⇒ 간하수澗下水 음陰 태음太陰

이를 조합하면 다음과 같다. 모든 60갑자甲子가 이를 따른다. 이는 주역周易을 바탕으로 해서 이뤄지는 이론이며, 달리 다른 까닭이나 이유가 없다.

(1) 갑자甲子 ⇒ 해중금海中金 양陽 태양太陽
정축丁丑 ⇒ 간하수澗下水 양陽 태양太陽

(2) 갑자甲子 ⇒ 해중금海中金 양陽 태양太陽
정축丁丑 ⇒ 간하수澗下水 양陽 소음少陰

(3) 갑자甲子 ⇒ 해중금海中金 양陽 태양太陽
정축丁丑 ⇒ 간하수澗下水 양陽 소양少陽

(4) 갑자甲子 ⇒ 해중금海中金 양陽 태양太陽
정축丁丑 ⇒ 간하수澗下水 양陽 태음太陰

(5) 갑자甲子 ⇒ 해중금海中金 양陽 태양太陽
정축丁丑 ⇒ 간하수澗下水 음陰 태양太陽

(6) 갑자甲子 ⇒ 해중금海中金 양陽 태양太陽
정축丁丑 ⇒ 간하수澗下水 음陰 소음少陰

(7) 갑자甲子 ⇒ 해중금海中金 양陽 태양太陽

정축丁丑 ⇒ 간하수澗下水 음陰 소양少陽

(8) 갑자甲子 ⇒ 해중금海中金 양陽 태양太陽

정축丁丑 ⇒ 간하수澗下水 음陰 태음太陰

(9) 갑자甲子 ⇒ 해중금海中金 양陽 소음少陰

정축丁丑 ⇒ 간하수澗下水 양陽 태양太陽

(10) 갑자甲子 ⇒ 해중금海中金 양陽 소음少陰

정축丁丑 ⇒ 간하수澗下水 양陽 소음少陰

(11) 갑자甲子 ⇒ 해중금海中金 양陽 소음少陰

정축丁丑 ⇒ 간하수澗下水 양陽 소양少陽

(12) 갑자甲子 ⇒ 해중금海中金 양陽 소음少陰

정축丁丑 ⇒ 간하수澗下水 양陽 태음太陰

(13) 갑자甲子 ⇒ 해중금海中金 양陽 소음少陰

정축丁丑 ⇒ 간하수澗下水 음陰 태양太陽

(14) 갑자甲子 ⇒ 해중금海中金 양陽 소음少陰

정축丁丑 ⇒ 간하수澗下水 음陰 소음少陰

(15) 갑자甲子 ⇒ 해중금海中金 양陽 소음少陰

정축丁丑 ⇒ 간하수澗下水 음陰 소양少陽

(16) 갑자甲子 ⇒ 해중금海中金 양陽 소음少陰

정축丁丑 ⇒ 간하수澗下水 음陰 태음太陰

(17) 갑자甲子 ⇒ 해중금海中金 양陽 소양少陽

정축丁丑 ⇒ 간하수澗下水 양陽 태양太陽

(18) 갑자甲子 ⇒ 해중금海中金 양陽 소양少陽

정축丁丑 ⇒ 간하수澗下水 양陽 소음少陰

(19) 갑자甲子 ⇒ 해중금海中金 양陽 소양少陽

정축丁丑 ⇒ 간하수澗下水 양陽 소양少陽

(20) 갑자甲子 ⇒ 해중금海中金 양陽 소양少陽

정축丁丑 ⇒ 간하수澗下水 양陽 태음太陰

(21) 갑자甲子 ⇒ 해중금海中金 양陽 소양少陽

정축丁丑 ⇒ 간하수澗下水 음陰 태양太陽

(22) 갑자甲子 ⇒ 해중금海中金 양陽 소양少陽

정축丁丑 ⇒ 간하수澗下水 음陰 소음少陰

(23) 갑자甲子 ⇒ 해중금海中金 양陽 소양少陽

정축丁丑 ⇒ 간하수澗下水 음陰 소양少陽

(24) 갑자甲子 ⇒ 해중금海中金 양陽 소양少陽

정축丁丑 ⇒ 간하수澗下水 음陰 태음太陰

(25) 갑자甲子 ⇒ 해중금海中金 양陽 태음太陰

정축丁丑 ⇒ 간하수澗下水 양陽 태양太陽

(26) 갑자甲子 ⇒ 해중금海中金 양陽 태음太陰

정축丁丑 ⇒ 간하수澗下水 양陽 소음少陰

(27) 갑자甲子 ⇒ 해중금海中金 양陽 태음太陰

정축丁丑 ⇒ 간하수澗下水 양陽 소양少陽

(28) 갑자甲子 ⇒ 해중금海中金 양陽 태음太陰

정축丁丑 ⇒ 간하수澗下水 양陽 태음太陰

(29) 갑자甲子 ⇒ 해중금海中金 양陽 태음太陰

정축丁丑 ⇒ 간하수澗下水 음陰 태양太陽

(30) 갑자甲子 ⇒ 해중금海中金 양陽 태음太陰

정축丁丑 ⇒ 간하수澗下水 음陰 소음少陰

(31) 갑자甲子 ⇒ 해중금海中金 양陽 태음太陰

정축丁丑 ⇒ 간하수澗下水 음陰 소양少陽

(32) 갑자甲子 ⇒ 해중금海中金 양陽 태음太陰

정축丁丑 ⇒ 간하수澗下水 음陰 태음太陰

(33) 갑자甲子 ⇒ 해중금海中金 음陰 태양太陽

정축丁丑 ⇒ 간하수澗下水 양陽 태양太陽

(34) 갑자甲子 ⇒ 해중금海中金 음陰 태양太陽

정축丁丑 ⇒ 간하수澗下水 양陽 소음少陰

(35) 갑자甲子 ⇒ 해중금海中金 음陰 태양太陽

정축丁丑 ⇒ 간하수澗下水 양陽 소양少陽

(36) 갑자甲子 ⇒ 해중금海中金 음陰 태양太陽

정축丁丑 ⇒ 간하수澗下水 양陽 태음太陰

(37) 갑자甲子 ⇒ 해중금海中金 음陰 태양太陽

정축丁丑 ⇒ 간하수澗下水 음陰 태양太陽

(38) 갑자甲子 ⇒ 해중금海中金 음陰 태양太陽

정축丁丑 ⇒ 간하수澗下水 음陰 소음少陰

(39) 갑자甲子 ⇒ 해중금海中金 음陰 태양太陽

정축丁丑 ⇒ 간하수澗下水 음陰 소양少陽

(40) 갑자甲子 ⇒ 해중금海中金 음陰 태양太陽

정축丁丑 ⇒ 간하수澗下水 음陰 태음太陰

(41) 갑자甲子 ⇒ 해중금海中金 음陰 소음少陰

정축丁丑 ⇒ 간하수澗下水 양陽 태양太陽

(42) 갑자甲子 ⇒ 해중금海中金 음陰 소음少陰

정축丁丑 ⇒ 간하수澗下水 양陽 소음少陰

(43) 갑자甲子 ⇒ 해중금海中金 음陰 소음少陰

정축丁丑 ⇒ 간하수澗下水 양陽 소양少陽

(44) 갑자甲子 ⇒ 해중금海中金 음陰 소음少陰

정축丁丑 ⇒ 간하수澗下水 양陽 태음太陰

(45) 갑자甲子 ⇒ 해중금海中金 음陰 소음少陰

정축丁丑 ⇒ 간하수澗下水 음陰 태양太陽

(46) 갑자甲子 ⇒ 해중금海中金 음陰 소음少陰

정축丁丑 ⇒ 간하수澗下水 음陰 소음少陰

(47) 갑자甲子 ⇒ 해중금海中金 음陰 소음少陰

정축丁丑 ⇒ 간하수澗下水 음陰 소양少陽

(48) 갑자甲子 ⇒ 해중금海中金 음陰 소음少陰

정축丁丑 ⇒ 간하수澗下水 음陰 태음太陰

(49) 갑자甲子 ⇒ 해중금海中金 음陰 소양少陽

정축丁丑 ⇒ 간하수澗下水 양陽 태양太陽

(50) 갑자甲子 ⇒ 해중금海中金 음陰 소양少陽

정축丁丑 ⇒ 간하수澗下水 양陽 소음少陰

(51) 갑자甲子 ⇒ 해중금海中金 음陰 소양少陽

정축丁丑 ⇒ 간하수澗下水 양陽 소양少陽

(52) 갑자甲子 ⇒ 해중금海中金 음陰 소양少陽

정축丁丑 ⇒ 간하수澗下水 양陽 태음太陰

(53) 갑자甲子 ⇒ 해중금海中金 음陰 소양少陽

정축丁丑 ⇒ 간하수澗下水 음陰 태양太陽

(54) 갑자甲子 ⇒ 해중금海中金 음陰 소양少陽

정축丁丑 ⇒ 간하수澗下水 음陰 소음少陰

(55) 갑자甲子 ⇒ 해중금海中金 음陰 소양少陽

정축丁丑 ⇒ 간하수澗下水 음陰 소양少陽

(56) 갑자甲子 ⇒ 해중금海中金 음陰 소양少陽

정축丁丑 ⇒ 간하수澗下水 음陰 태음太陰

(57) 갑자甲子 ⇒ 해중금海中金 음陰 태음太陰

정축丁丑 ⇒ 간하수澗下水 양陽 태양太陽

(58) 갑자甲子 ⇒ 해중금海中金 음陰 태음太陰

정축丁丑 ⇒ 간하수澗下水 양陽 소음少陰

(59) 갑자甲子 ⇒ 해중금海中金 음陰 태음太陰

정축丁丑 ⇒ 간하수澗下水 양陽 소양少陽

(60) 갑자甲子 ⇒ 해중금海中金 음陰 태음太陰

정축丁丑 ⇒ 간하수澗下水 양陽 태음太陰

(61) 갑자甲子 ⇒ 해중금海中金 음陰 태음太陰

정축丁丑 ⇒ 간하수澗下水 음陰 태양太陽

(62) 갑자甲子 ⇒ 해중금海中金 음陰 태음太陰

정축丁丑 ⇒ 간하수澗下水 음陰 소음少陰

(63) 갑자甲子 ⇒ 해중금海中金 음陰 태음太陰

정축丁丑 ⇒ 간하수澗下水 음陰 소양少陽

(64) 갑자甲子 ⇒ 해중금海中金 음陰 태음太陰

정축丁丑 ⇒ 간하수澗下水 음陰 태음太陰으로 더욱 세분화細分化된다.

사람의 타고남을 밝혀주는 것이 동양학東洋學의 진수다. 이는 주역周易을 바탕으로 해서 드러나는 이론이며, 달리 다른 연유에서 전해지는 것이 아니다. 밝은 스승을 만나 참구參究하고 참구參究해야 할 학문인 것이다. 모든 60갑자甲子가 이를 따르며, 이를 통변이라고 한다.

2) 인해합寅亥合은 목木

인해합寅亥合은 목木이 아니라는 것이다. 각 지지地支마다 오행五行이 배속配屬되어 있는 것이니, 상생相生, 상극相剋, 상비相比가 함께하는 것이 주역周易을 바탕으로 한 오행五行의 논리다. 모든 6합六合이 다 그렇다.

인寅 ⇒ **양**陽	**해**亥 ⇒ **음**陰
(1) **갑인**甲寅 ⇒ **대계수**大溪水 **양**陽	(1) **을해**乙亥 ⇒ **산두화**山頭火 **음**陰
(2) **병인**丙寅 ⇒ **노중화**爐中火 **양**陽	(2) **정해**丁亥 ⇒ **옥상토**屋上土 **음**陰
(3) **무인**戊寅 ⇒ **성두토**城頭土 **양**陽	(3) **기해**己亥 ⇒ **평지목**平地木 **음**陰
(4) **경인**庚寅 ⇒ **송백목**松柏木 **양**陽	(4) **신해**辛亥 ⇒ **차천금**鎈釧金 **음**陰
(5) **임인**壬寅 ⇒ **금박금**金箔金 **양**陽	(5) **계해**癸亥 ⇒ **대해수**大海水 **음**陰

이를 간략하게 설명하면 다음과 같다.

갑인甲寅 ⇒ 대계수大溪水 양陽과 을해乙亥 ⇒ 산두화山頭火 음陰이 들어서면 대계수大溪水의 변덕變德에 산두화山頭火가 등을 돌리고 너는 너대로 나는 나대로 간다. 수극화水克火이면서 상극相剋이다.

갑인甲寅 ⇒ 대계수大溪水 양陽과 정해丁亥 ⇒ 옥상토屋上土 음陰이 들어서면 수극토水克土다. 대계수大溪水는 자기 길을 가고 옥상토屋上土는 제자리를 지키면서 원망만이 늘고 불평불만不平不滿을 안으로 감춘다. 서로 관계가 없다.

갑인甲寅 ⇒ 대계수大溪水 양陽과 기해己亥 ⇒ 평지목平地木 음陰이 들어서면 수생목水生木이다. 대계수大溪水가 평지목平地木을 기르면서 변덕變德이 심하다. 평지목平地木의 괴로움이 이해된다. 평지목平地木은 금의 기운이 꼭 필요한 것이니, 대계수大溪水의 변덕을 참지 못한다.

갑인甲寅 ⇒ 대계수大溪水 양陽과 신해辛亥 ⇒ 차천금鎈釧金 음陰이 들어서면 수생금이다. 대계수大溪水가 차천금鎈釧金을 닦아주면서 차천금鎈釧金의 따지고 드는 일에 잔소리를 하고 변덕을 부린다. 차천금鎈釧金은 불의 기운이 있어야 하고자 하는 일을 이룰 수가 있다. 대계수大溪水의 잔소리를 싫어한다.

갑인甲寅 ⇒ 대계수大溪水 양陽과 계해癸亥 ⇒ 대해수大海水 음陰이 들어서면 같은 수의 기운이다. 대계수大溪水의 변덕에 대해수大海水가 받아들이고 대계수大溪水의 그 기운을 뒷받침해준다. 대해수大海水는 토의 기운이 있어야 형통할 수 있는 것이니, 대계수大溪水와 맞지 않는다.

병인丙寅 ⇒ 노중화爐中火 양陽과 을해乙亥 ⇒ 산두화山頭火 음陰이 들어서면 같은 화의 기운이지만 노중화爐中火의 뜨거운 외침을 산두화山頭火는 무시하고 등을 돌린다. 노중화爐中火의 가슴이 탄다.

병인丙寅 ⇒ 노중화爐中火 양陽과 정해丁亥 ⇒ 옥상토屋上土 음陰이 들어서면 화생토火生土다. 노중화爐中火의 열기에 옥상토屋上土가 단단해진다. 옥상토屋上土가 더 안하무인眼下無人이 되고 노중화爐中火는 가슴만 치면서 화만 오른다.

병인丙寅 ⇒ 노중화爐中火 양陽과 기해己亥 ⇒ 평지목平地木 음陰이 들어서면 노중화爐中火가 평지목平地木에 불을 붙여주지만 평지목平地木은 금의 기운이 필요하다. 노중화爐中火의 뜨거운 관심이 싫다.

병인丙寅 ⇒ 노중화爐中火 양陽과 신해辛亥 ⇒ 차천금鎈釧金 음陰이 들어서면 노중화爐中火의 기운이 차천금鎈釧金을 녹여서 쓸모 있게 만들어 준다. 차천금鎈釧金은 불이 있어야 모든 일을 이룰 수가 있으나 노중화爐中火의 기운이 약하다. 불만이 많다.

병인丙寅 ⇒ 노중화爐中火 양陽과 계해癸亥 ⇒ 대해수大海水 음陰이 들어서면 노중화爐中火의 기운으로 대해수大海水를 끓여서 소금을 얻으니 좋다고는 하지만 지극히 일만 앞세운다. 대해수大海水가 짜증이 난다. 대해수大海水는 토의 기운을 만나야 자연히 형통할 수 있는 것이니, 노중화爐中火의 관심이 싫다.

무인戊寅 ⇒ 성두토城頭土 양陽과 을해乙亥 ⇒ 산두화山頭火 음陰이 들어서면 성두토城頭土가 산두화山頭火의 불빛을 보호하고 상생相生의 길을 간다.

무인戊寅 ⇒ 성두토城頭土 양陽과 정해丁亥 ⇒ 옥상토屋上土 음陰이 들어서면 성두토城頭土 성마루에 지붕을 덮어주는 일이니, 좋기는 하겠지만 옥상토屋上土의 답답함이 힘들다.

무인戊寅 ⇒ 성두토城頭土 양陽과 기해己亥 ⇒ 평지목平地木 음陰이 들어서면 성두토城頭土 안에 평지목平地木의 기운이 외롭다. 평지목平地木은 금을 만나야 어떠한 일이든 이룰 수가 있거늘 성두토城頭土의 잔소리에 귀가 아프다.

무인戊寅 ⇒ 성두토城頭土 양陽과 신해辛亥 ⇒ 차천금鎈釧金 음陰이 들어서면 성두토城頭土의 기운으로 제자리를 찾은 차천금鎈釧金이다. 성두토城頭土의 잔소리가 재물을 얻게 한다. 차천금鎈釧金은 불이 있어야 일을 이룰 수 있는 것이니, 돈을 떠나 일의 성사가 어렵다.

무인戊寅 ⇒ 성두토城頭土 양陽과 계해癸亥 ⇒ 대해수大海水 음陰이 들어서면 성두토城頭土의 기운으로 대해수大海水가 큰 힘을 얻고 모든 일을 크게 이루고 서로가 고마워한다.

경인庚寅 ⇒ 송백목松柏木 양陽과 을해乙亥 ⇒ 산두화山頭火 음陰이 들어서면 송백목松柏木의 지적질과 깐깐함에 산두화山頭火가 등을 돌리고 간섭을 하지 않는다. 송백목松柏木은 멈추지 않고 가르치려 한다.

경인庚寅 ⇒ 송백목松柏木 양陽과 정해丁亥 ⇒ 옥상토屋上土 음陰이 들어서면 송백목松柏木이 옥상토屋上土의 모든 것을 떠안아야 한다. 힘들다. 옥상토屋上土가 조언이나 충고를 듣지 않고 오로지 자기만을 생각한다. 송백목松柏木의 그 어떠한 지적질에도 눈 하나 깜짝 않는다.

경인庚寅 ⇒ 송백목松柏木 양陽과 기해己亥 ⇒ 평지목平地木 음陰이 들어서면 평지목平地木은 금의 기운이 필요하다. 송백목松柏木의 잔소리, 따짐, 지적, 깐깐함에 몸을 사리면서 서로의 다툼이 심하다.

경인庚寅 ⇒ 송백목松柏木 양陽과 신해辛亥 ⇒ 차천금鎈釧金 음陰이 들어서면 차천금鎈釧金은 불의 기운이 필요하고 송백목松柏木은 차천금鎈釧金의 분별심分別心에 화만 난다. 차천금鎈釧金은 송백목松柏木의 기운에 지치고 힘이 든다.

경인庚寅 ⇒ 송백목松柏木 양陽과 계해癸亥 ⇒ 대해수大海水 음陰이 들어서면 대해수大海水는 토의 기운이 필요하다. 송백목松柏木의 지적에 대응하지 않고 귀를 닫아 버린다. 송백목의 기운이 기세등등해진다.

임인壬寅 ⇒ 금박금金箔金 양陽과 을해乙亥 ⇒ 산두화山頭火 음陰이 들어서면 금박금金箔金이나 산두화山頭火가 서로에게 등을 돌리고 서로 자존심만을 세운다.

임인壬寅 ⇒ 금박금金箔金 양陽과 정해丁亥 ⇒ 옥상토屋上土 음陰이 들어서면 금박금金箔金의 기운에 옥상토屋上土가 힘을 얻은 것이니, 옥상토屋上土의 기운이 더욱 단단해지고 고집만이 늘어난다.

임인壬寅 ⇒ 금박금金箔金 양陽과 기해己亥 ⇒ 평지목平地木 음陰이 들어서면 평지목平地木은 금의 기운이 필요하다. 가장 좋은 금을 얻었으니 원하는 모든 일을 이루고 산다.

임인壬寅 ⇒ 금박금金箔金 양陽과 신해辛亥 ⇒ 차천금鎈釧金 음陰이 들어서면 금박금金箔金의 단단함에 차천금鎈釧金이 부서져 나간다. 차천금鎈釧金은 불의 기운이 필요하다. 금박금金箔金의 서슬에 눈치만 본다.

임인壬寅 ⇒ 금박금金箔金 양陽과 계해癸亥 ⇒ 대해수大海水 음陰이 들어서면 대해수大海水가 토의 기운이 필요하듯 금박금金箔金도 토의 기운이 있어야 원하는 바를 얻는다. 서로 이해하고 서로 이끌어준다.

이렇듯 상생相生, 상극相剋, 상비相比하는 것이니, 인해합寅亥合은 목木이 아니라는 것이다. 이를 철저하게 알고 움직여야 하는 것이니, 모든 6합六合이 다 이렇다. 좋은 스승을 만나 깊이 있게 물어보고 스스로 참구參究해야만 한다.

3) 묘술합卯戌合은 화火

묘卯 ⇒ **음**陰

(1) 을묘乙卯 ⇒ **대계수**大溪水 음陰
(2) 정묘丁卯 ⇒ **노중화**爐中火 음陰
(3) 기묘己卯 ⇒ **성두토**城頭土 음陰
(4) 신묘辛卯 ⇒ **송백목**松柏木 음陰
(5) 계묘癸卯 ⇒ **금박금**金箔金 음陰

술戌 ⇒ **양**陽

(1) 갑술甲戌 ⇒ **산두화**山頭火 양陽
(2) 병술丙戌 ⇒ **옥상토**屋上土 양陽
(3) 무술戊戌 ⇒ **평지목**平地木 양陽
(4) 경술庚戌 ⇒ **차천금**鎈釧金 양陽
(5) 임술壬戌 ⇒ **대해수**大海水 양陽

4) 진유합辰酉合은 금金

진辰 ⇒ **양**陽

(1) 갑진甲辰 ⇒ **복등화**覆燈火 양陽
(2) 병진丙辰 ⇒ **사중토**沙中土 양陽
(3) 무진戊辰 ⇒ **대림목**大林木 양陽
(4) 경진庚辰 ⇒ **백납금**白鑞金 양陽
(5) 임진壬辰 ⇒ **장류수**長流水 양陽

유酉 ⇒ **음**陰

(1) 을유乙酉 ⇒ **천중수**泉中水 음陰
(2) 정유丁酉 ⇒ **산하화**山下火 음陰
(3) 기유己酉 ⇒ **대역토**大驛土 음陰
(4) 신유辛酉 ⇒ **석류목**石榴木 음陰
(5) 계유癸酉 ⇒ **검봉금**劍鋒金 음陰

5) 사신합巳申合은 수水

사巳 ⇒ **음**陰

(1) 을사乙巳 ⇒ 복등화覆燈火 음陰

(2) 정사丁巳 ⇒ 사중토沙中土 음陰

(3) 기사己巳 ⇒ 대림목大林木 음陰

(4) 신사辛巳 ⇒ 백납금白鑞金 음陰

(5) 계사癸巳 ⇒ 장류수長流水 음陰

신申 ⇒ **양**陽

(1) 갑신甲申 ⇒ 천중수泉中水 양陽

(2) 병신丙申 ⇒ 산하화山下火 양陽

(3) 무신戊申 ⇒ 대역토大驛土 양陽

(4) 경신庚申 ⇒ 석류목石榴木 양陽

(5) 임신壬申 ⇒ 검봉금劍鋒金 양陽

6) 오미합午未合은 6합六合하여도 오행五行은 변하지 않는다

오午 ⇒ **양**陽

(1) 갑오甲午 ⇒ 사중금沙中金 양陽

(2) 병오丙午 ⇒ 천하수天下水 양陽

(3) 무오戊午 ⇒ 천상화天上火 양陽

(4) 경오庚午 ⇒ 노방토路傍土 양陽

(5) 임오壬午 ⇒ 양류목楊柳木 양陽

미未 ⇒ **음**陰

(1) 을미乙未 ⇒ 사중금沙中金 음陰

(2) 정미丁未 ⇒ 천하수天下水 음陰

(3) 기미己未 ⇒ 천상화天上火 음陰

(4) 신미辛未 ⇒ 노방토路傍土 음陰

(5) 계미癸未 ⇒ 양류목楊柳木 음陰

오미午未만 그런 것이 아니라 12지지地支가 다 그렇다. 12지지가 모두 오행五行을 배속配屬 받고 있기 때문이며. 이는 변함이 없는 이론이다. 이는 주역周易을 바탕으로 이루어진 이론이며, 달리 다른 연유로 해서 이루어진 이론이 아니다.

지지地支 삼합三合에 대하여

이 또한 지지地支 6합六合을 따라가는 것이니, 달리 다른 이유가 없다. 때문에 생략省略하는 것이며, 좋은 선생을 만나 공부하기를 바란다. 모든 3합三合이 이러한 것이니, 스스로 참구參究하기를 바란다.

1) 신자진申子辰 3합三合하여 수국水局이 된다

신申 ⇒ 양陽

(1) 갑신甲申 ⇒ 천중수泉中水 양陽

(2) 병신丙申 ⇒ 산하화山下火 양陽

(3) 무신戊申 ⇒ 대역토大驛土 양陽

(4) 경신庚申 ⇒ 석류목石榴木 양陽

(5) 임신壬申 ⇒ 검봉금劍鋒金 양陽

자子 **⇒ 양**陽

(1) 갑자甲子 ⇒ 해중금海中金 양陽

(2) 병자丙子 ⇒ 간하수澗下水 양陽

(3) 무자戊子 ⇒ 벽력화霹靂火 양陽

(4) 경자庚子 ⇒ 벽상토壁上土 양陽

(5) 임자壬子 ⇒ 상자목桑柘木 양陽

진辰 **⇒ 양**陽

(1) 갑진甲辰 ⇒ 복등화覆燈火 양陽

(2) 병진丙辰 ⇒ 사중토沙中土 양陽

(3) 무진戊辰 ⇒ 대림목大林木 양陽

(4) 경진庚辰 ⇒ 백납금白鑞金 양陽

(5) 임진壬辰 ⇒ 장류수長流水 양陽

간략하게 하나만 예를 들겠다.

갑신甲申 ⇒ 천중수泉中水 양陽과 병자丙子 ⇒ 간하수澗下水 양陽과 임진壬辰 ⇒ 장류수長流水 양陽가 만나 수국水局이 된다. 수국水局만이 되는 것이 아니다.

병신丙申 ⇒ 산하화山下火 양陽과 무자戊子 ⇒ 벽력화霹靂火 양陽과 갑진甲辰 ⇒ 복등화覆燈火 양陽이 만나 화국火局이 된다.

무신戊申 ⇒ 대역토大驛土 양陽과 경자庚子 ⇒ 벽상토壁上土 양陽과 병진丙辰 ⇒ 사중토沙中土 양陽이 만나 토국土局이 된다.

경신庚申 ⇒ 석류목石榴木 양陽과 임자壬子 ⇒ 상자목桑柘木 양陽과 무진戊辰 ⇒ 대림목大林木 양陽이 만나 목국木局이 된다.

임신壬申 ⇒ 검봉금劍鋒金 양陽과 갑자甲子 ⇒ 해중금海中金 양陽과 경진庚辰 ⇒ 백납금白5金 양陽이 만나 금국金局이 된다.

모든 3합三合이 이러하며, 달리 다른 이론이 아니라 주역周易을 바탕으로 해서 이뤄진 이론이며, 달리 다른 연유로 인하여 세워진 이론이 아니다. 밝게 알고 밝게 활용活用하기를 바란다. 다른 모든 3합三合이 이렇다.

2) 사유축巳酉丑 3합三合하여 금국金局이 된다

사巳 ⇒ 음陰

(1) 을사乙巳 ⇒ 복등화覆燈火 음陰

(2) 정사丁巳 ⇒ 사중토沙中土 음陰

(3) 기사己巳 ⇒ 대림목大林木 음陰

(4) 신사辛巳 ⇒ 백납금白鑞金 음陰

(5) 계사癸巳 ⇒ 장류수長流水 음陰

유酉 ⇒ **음**陰

(1) 을유乙酉 ⇒ 천중수泉中水 음陰

(2) 정유丁酉 ⇒ 산하화山下火 음陰

(3) 기유己酉 ⇒ 대역토大驛土 음陰

(4) 신유辛酉 ⇒ 석류목石榴木 음陰

(5) 계유癸酉 ⇒ 검봉금劍鋒金 음陰

축丑 ⇒ **음**陰

(1) 을축乙丑 ⇒ 해중금海中金 음陰

(2) 정축丁丑 ⇒ 간하수澗下水 음陰

(3) 기축己丑 ⇒ 벽력화霹靂火 음陰

(4) 신축辛丑 ⇒ 벽상토壁上土 음陰

(5) 계축癸丑 ⇒ 상자목桑柘木 음陰

3) 인오술寅午戌 3합三合하여 화국火局이 된다

인寅 ⇒ **양**陽

(1) 갑인甲寅 ⇒ 대계수大溪水 양陽

(2) 병인丙寅 ⇒ 노중화爐中火 양陽

(3) 무인戊寅 ⇒ 성두토城頭土 양陽

(4) 경인庚寅 ⇒ 송백목松柏木 양陽

(5) 임인壬寅 ⇒ 금박금金箔金 양陽

오午 **⇒ 양**陽

(1) 갑오甲午 ⇒ 사중금沙中金 양陽

(2) 병오丙午 ⇒ 천하수天下水 양陽

(3) 무오戊午 ⇒ 천상화天上火 양陽

(4) 경오庚午 ⇒ 노방토路傍土 양陽

(5) 임오壬午 ⇒ 양류목楊柳木 양陽

술戌 **⇒ 양**陽

(1) 갑술甲戌 ⇒ 산두화山頭火 양陽

(2) 병술丙戌 ⇒ 옥상토屋上土 양陽

(3) 무술戊戌 ⇒ 평지목平地木 양陽

(4) 경술庚戌 ⇒ 차천금鎈釧金 양陽

(5) 임술壬戌 ⇒ 대해수大海水 양陽

4) 해묘미亥卯未 3합三合하여 목국木局이 된다

해亥 **⇒ 음**陰

(1) 을해乙亥 ⇒ 산두화山頭火 음陰

(2) 정해丁亥 ⇒ 옥상토屋上土 음陰

(3) 기해己亥 ⇒ 평지목平地木 음陰

(4) 신해辛亥 ⇒ 차천금5釧金 음陰

(5) 계해癸亥 ⇒ 대해수大海水 음陰

묘卯 **⇒ 음**陰

(1) 을묘乙卯 ⇒ 대계수大溪水 음陰

(2) 정묘丁卯 ⇒ 노중화爐中火 음陰

(3) 기묘己卯 ⇒ 성두토城頭土 음陰

(4) 신묘辛卯 ⇒ 송백목松柏木 음陰

(5) 계묘癸卯 ⇒ 금박금金箔金 음陰

미未 **⇒ 음**陰

(1) 을미乙未 ⇒ 사중금沙中金 음陰

(2) 정미丁未 ⇒ 천하수天下水 음陰

(3) 기미己未 ⇒ 천상화天上火 음陰

(4) 신미辛未 ⇒ 노방토路傍土 음陰

(5) 계미癸未 ⇒ 양류목楊柳木 음陰

천간天干 충沖에 대하여

1) 갑경충甲庚沖

단단하고 큰 나무를 톱이나 도끼로 잘라버리는 형상이라고 한다.

충沖만이 있는 것이 아니고 상생相生, 상극相剋, 상비相比하는 기운이 함께 있는 것이다.

갑甲 ⇒ **양**陽

(1) 갑자甲子 ⇒ **해중금**海中金 양陽

(2) 갑인甲寅 ⇒ **대계수**大溪水 양陽

(3) 갑진甲辰 ⇒ **복등화**覆燈火 양陽

(4) 갑오甲午 ⇒ **사중금**沙中金 양陽

(5) 갑신甲申 ⇒ **천중수**泉中水 양陽

경庚 ⇒ **양**陽

(1) 경자庚子 ⇒ **벽상토**壁上土 양陽

(2) 경인庚寅 ⇒ **송백목**松柏木 양陽

(3) 경진庚辰 ⇒ **백납금**白鑞金 양陽

(4) 경오庚午 ⇒ **노방토**路傍土 양陽

(5) 경신庚申 ⇒ **석류목**石榴木 양陽

(6) 갑술甲戌 ⇒ 산두화山頭火 양陽　　(6) 경술庚戌 ⇒ 차천금鎈釧金 양陽

간략하게 설명하면 다음과 같다.

갑자甲子 ⇒ 해중금海中金 양陽,

경자庚子 ⇒ 벽상토壁上土 양陽은 상생이다.

갑자甲子 ⇒ 해중금海中金 양陽,

경인庚寅 ⇒ 송백목松柏木 양陽은 상극이다.

갑자甲子 ⇒ 해중금海中金 양陽,

경진庚辰 ⇒ 백납금白鑞金 양陽은 상비하지만,

해중금海中金은 거친 행동으로 밀어붙이고,

백납금白鑞金은 말로써 유동성流動性 있게 해결하려 든다.

갑자甲子 ⇒ 해중금海中金 양陽,

경오庚午 ⇒ 노방토路傍土 양陽은 상생한다.

갑자甲子 ⇒ 해중금海中金 양陽,

경신庚申 ⇒ 석류목石榴木 양陽은 상극이다.

갑자甲子 ⇒ 해중금海中金 양陽,

경술庚戌 ⇒ 차천금鎈釧金 양陽은 상비하지만,

해중금海中金은 거친 말과 행동으로 밀어대고,

차천금鎈釧金은 조목조목 따져가며 사람을 힘들게 한다.

갑인甲寅 ⇒ 대계수大溪水 양陽,

경자庚子 ⇒ 벽상토壁上土 양陽은 상극이다.

갑인甲寅 ⇒ 대계수大溪水 양陽,

경인庚寅 ⇒ 송백목松柏木 양陽은 상생이다.

갑인甲寅 ⇒ 대계수大溪水 양陽,

경진庚辰 ⇒ 백납금白鑞金 양陽은 상생이다.

갑인甲寅 ⇒ 대계수大溪水 양陽,

경오庚午 ⇒ 노방토路傍土 양陽은 상극이다.

갑인甲寅 ⇒ 대계수大溪水 양陽,

경신庚申 ⇒ 석류목石榴木 양陽은 상생이다.

갑인甲寅 ⇒ 대계수大溪水 양陽,

경술庚戌 ⇒ 차천금鎈釧金 양陽은 상생이다.

갑진甲辰 ⇒ 복등화覆燈火 양陽,

경자庚子 ⇒ 벽상토壁上土 양陽은 상생이다.

갑진甲辰 ⇒ 복등화覆燈火 양陽,

경인庚寅 ⇒ 송백목松柏木 양陽은 상생이다.

갑진甲辰 ⇒ 복등화覆燈火 양陽,

경진庚辰 ⇒ 백납금白鑞金 양陽은 상극이다.

갑진甲辰 ⇒ 복등화覆燈火 양陽,

경오庚午 ⇒ 노방토路傍土 양陽은 상생이다.

갑진甲辰 ⇒ 복등화覆燈火 양陽,

경신庚申 ⇒ 석류목石榴木 양陽은 상생이다.

갑진甲辰 ⇒ 복등화覆燈火 양陽,

경술庚戌 ⇒ 차천금鎈釧金 양陽은 상생이다.

천간天干 충沖이라는 것도 모두 상생相生,

상극相剋, 상비相比하는 것이 다 다르다.

2) 을신충乙辛沖

넝쿨이나 갈대 따위를 날카로운 면도칼로 자르는 형상이라고 한다.

을乙 ⇒ **음**陰

(1) 을축乙丑 ⇒ 해중금海中金 음陰

(2) 을묘乙卯 ⇒ 대계수大溪水 음陰

(3) 을사乙巳 ⇒ 복등화覆燈火 음陰

(4) 을미乙未 ⇒ 사중금沙中金 음陰

(5) 을유乙酉 ⇒ 천중수泉中水 음陰

(6) 을해乙亥 ⇒ 산두화山頭火 음陰

신辛 ⇒ **음**陰

(1) 신축辛丑 ⇒ 벽상토壁上土 음陰

(2) 신묘辛卯 ⇒ 송백목松柏木 음陰

(3) 신사辛巳 ⇒ 백납금白鑞金 음陰

(4) 신미辛未 ⇒ 노방토路傍土 음陰

(5) 신유辛酉 ⇒ 석류목石榴木 음陰

(6) 신해辛亥 ⇒ 차천금鎈釧金 음陰

3) 병임충丙壬沖

활활 타오르는 불덩이를 물로 꺼버리는 형상이라고 한다.

병丙 ⇒ **양**陽

(1) 병자丙子 ⇒ 간하수澗下水 양陽

(2) 병인丙寅 ⇒ 노중화爐中火 양陽

(3) 병진丙辰 ⇒ 사중토沙中土 양陽

(4) 병오丙午 ⇒ 천하수天下水 양陽

임壬 ⇒ **양**陽

(1) 임자壬子 ⇒ 상자목桑柘木 양陽

(2) 임인壬寅 ⇒ 금박금金箔金 양陽

(3) 임진壬辰 ⇒ 장류수長流水 양陽

(4) 임오壬午 ⇒ 양류목楊柳木 양陽

(5) 병신丙申 ⇒ 산하화山下火 양陽

(6) 병술丙戌 ⇒ 옥상토屋上土 양陽

(5) 임신壬申 ⇒ 검봉금劍鋒金 양陽

(6) 임술壬戌 ⇒ 대해수大海水 양陽

4) 정계충丁癸沖

불꽃이 약한데 부슬비나 작은 물로 불씨를 죽이는 형상이라고 한다.

정丁 ⇒ **음**陰

(1) 정축丁丑 ⇒ 간하수澗下水 음陰

(2) 정묘丁卯 ⇒ 노중화爐中火 음陰

(3) 정사丁巳 ⇒ 사중토沙中土 음陰

(4) 정미丁未 ⇒ 천하수天下水 음陰

(5) 정유丁酉 ⇒ 산하화山下火 음陰

(6) 정해丁亥 ⇒ 옥상토屋上土 음陰

계癸 ⇒ **음**陰

(1) 계축癸丑 ⇒ 상자목桑柘木 음陰

(2) 계묘癸卯 ⇒ 금박금金箔金 음陰

(3) 계사癸巳 ⇒ 장류수長流水 음陰

(4) 계미癸未 ⇒ 양류목楊柳木 음陰

(5) 계유癸酉 ⇒ 검봉금劍鋒金 음陰

(6) 계해癸亥 ⇒ 대해수大海水 음陰

지지地支 형살刑殺에 대하여

12지지가 서로 배척排斥하고 상극相剋하는 것을 이른다. 그 해로움의 정도가 심한 것을 형살刑殺이라고 한다.

지지별地支別로 오행五行이 배속配屬되어있기 때문에 모든 것이 상생相生, 상극相剋, 상비相比한다.

1) 지세지형持勢之刑

늘 다정다감多情多感하게 보이지만 자신의 세력이나 권위를 믿고 남을 깔보고 남에게 지기 싫어한다.

(1) 인사형寅巳刑

인寅 ⇒ **양**陽	**사**巳 ⇒ **음**陰
가. 갑인甲寅 ⇒ 대계수大溪水 양陽	가. 을사乙巳 ⇒ 복등화覆燈火 음陰
나. 병인丙寅 ⇒ 노중화爐中火 양陽	나. 정사丁巳 ⇒ 사중토沙中土 음陰
다. 무인戊寅 ⇒ 성두토城頭土 양陽	다. 기사己巳 ⇒ 대림목大林木 음陰
라. 경인庚寅 ⇒ 송백목松柏木 양陽	라. 신사辛巳 ⇒ 백납금白鑞金 음陰
마. 임인壬寅 ⇒ 금박금金箔金 양陽	마. 계사癸巳 ⇒ 장류수長流水 음陰

간략하게 설명하면 다음과 같다.

갑인甲寅 ⇒ 대계수大溪水 양陽,

을사乙巳 ⇒ 복등화覆燈火 음陰은 형살이다.

갑인甲寅 ⇒ 대계수大溪水 양陽,

정사丁巳 ⇒ 사중토沙中土 음陰은 형살이다.

갑인甲寅 ⇒ 대계수大溪水 양陽,

기사己巳 ⇒ 대림목大林木 음陰은 상생이다.

갑인甲寅 ⇒ 대계수大溪水 양陽,

신사辛巳 ⇒ 백납금白鑞金 음陰은 상생이다.

갑인甲寅 ⇒ 대계수大溪水 양陽,

계사癸巳 ⇒ 장류수長流水 음陰은 상비한다.

병인丙寅 ⇒ 노중화爐中火 양陽,

을사乙巳 ⇒ 복등화覆燈火 음陰은 상비한다.

병인丙寅 ⇒ 노중화爐中火 양陽,

정사丁巳 ⇒ 사중토沙中土 음陰은 상생한다.

병인丙寅 ⇒ 노중화爐中火 양陽,

기사己巳 ⇒ 대림목大林木 음陰은 상생한다.

병인丙寅 ⇒ 노중화爐中火 양陽,

신사辛巳 ⇒ 백납금白鑞金 음陰은 형살이다.

병인丙寅 ⇒ 노중화爐中火 양陽,

계사癸巳 ⇒ 장류수長流水 음陰은 형살이다.

무인戊寅 ⇒ 성두토城頭土 양陽,

을사乙巳 ⇒ 복등화覆燈火 음陰은 상생이다.

무인戊寅 ⇒ 성두토城頭土 양陽,

정사丁巳 ⇒ 사중토沙中土 음陰은 상비다.

무인戊寅 ⇒ 성두토城頭土 양陽,

기사己巳 ⇒ 대림목大林木 음陰은 형살이다.

무인戊寅 ⇒ 성두토城頭土 양陽,

신사辛巳 ⇒ 백납금白鑞金 음陰은 상생이다.

무인戊寅 ⇒ 성두토城頭土 양陽,

계사癸巳 ⇒ 장류수長流水 음陰은 상극이다.

경인庚寅 ⇒ 송백목松柏木 양陽,

을사乙巳 ⇒ 복등화覆燈火 음陰은 상생이다.

경인庚寅 ⇒ 송백목松柏木 양陽,

정사丁巳 ⇒ 사중토沙中土 음陰은 형살이다.

경인庚寅 ⇒ 송백목松柏木 양陽,

기사己巳 ⇒ 대림목大林木 음陰은 상비다.

경인庚寅 ⇒ 송백목松柏木 양陽,

신사辛巳 ⇒ 백납금白鑞金 음陰은 형살이다.

경인庚寅 ⇒ 송백목松柏木 양陽,

계사癸巳 ⇒ 장류수長流水 음陰은 상생이다.

임인壬寅 ⇒ 금박금金箔金 양陽,

을사乙巳 ⇒ 복등화覆燈火 음陰은 형살이다.

임인壬寅 ⇒ 금박금金箔金 양陽,

정사丁巳 ⇒ 사중토沙中土 음陰은 상생이다.

임인壬寅 ⇒ 금박금金箔金 양陽,

기사己巳 ⇒ 대림목大林木 음陰은 형살이다.

임인壬寅 ⇒ 금박금金箔金 양陽,

신사辛巳 ⇒ 백납금白鑞金 음陰은 상비다.

임인壬寅 ⇒ 금박금金箔金 양陽,

계사癸巳 ⇒ 장류수長流水 음陰은 상생이다.

형살刑殺은 이렇게 설명이 된다. 서로 간에 차이는 있지만 자세한 것은 좋은 스승을 만나 배우기를 바란다. 형살刑殺은 여기서 생략한다. 이는 2상론二象論일 뿐이다. 4상론四象論, 8상론八象論으로 풀게 되면 더 자세하게 볼 수가 있는 것이 동양철학東洋哲學이다.

4상론四象論, 8상론八象論을 조합해보면 다음과 같다. 모든 상론이 이렇게 자세하게 되면서 더 깊이 있게 알게 되는 것이다. 이것이 동양철학東洋哲學의 진수다.

4상론四象論

1) 갑자甲子 ⇒ 해중금海中金 태양太陽

1) 정축丁丑 ⇒ 간하수澗下水 태양太陽

2) 갑자甲子 ⇒ 해중금海中金 소음少陰

2) 정축丁丑 ⇒ 간하수澗下水 소음少陰

3) 갑자甲子 ⇒ 해중금海中金 소양少陽

3) 정축丁丑 ⇒ 간하수澗下水 소양少陽

4) 갑자甲子 ⇒ 해중금海中金 태음太陰

4) 정축丁丑 ⇒ 간하수澗下水 태음太陰

이를 조합하여 나열하면 다음과 같다. 모든 6합六合이 이를 따른다.

1) 갑자甲子 ⇒ 해중금海中金 태양太陽
   정축丁丑 ⇒ 간하수澗下水 태양太陽
2) 갑자甲子 ⇒ 해중금海中金 태양太陽
   정축丁丑 ⇒ 간하수澗下水 소음少陰
3) 갑자甲子 ⇒ 해중금海中金 태양太陽
   정축丁丑 ⇒ 간하수澗下水 소양少陽
4) 갑자甲子 ⇒ 해중금海中金 태양太陽
   정축丁丑 ⇒ 간하수澗下水 태음太陰
5) 갑자甲子 ⇒ 해중금海中金 소음少陰
   정축丁丑 ⇒ 간하수澗下水 태양太陽
6) 갑자甲子 ⇒ 해중금海中金 소음少陰
   정축丁丑 ⇒ 간하수澗下水 소음少陰

7) 갑자甲子 ⇒ 해중금海中金 소음少陰
정축丁丑 ⇒ 간하수澗下水 소양少陽
8) 갑자甲子 ⇒ 해중금海中金 소음少陰
정축丁丑 ⇒ 간하수澗下水 태음太陰
9) 갑자甲子 ⇒ 해중금海中金 소양少陽
정축丁丑 ⇒ 간하수澗下水 태양太陽
10) 갑자甲子 ⇒ 해중금海中金 소양少陽
정축丁丑 ⇒ 간하수澗下水 소음少陰
11) 갑자甲子 ⇒ 해중금海中金 소양少陽
정축丁丑 ⇒ 간하수澗下水 소양少陽
12) 갑자甲子 ⇒ 해중금海中金 소양少陽
정축丁丑 ⇒ 간하수澗下水 태음太陰
13) 갑자甲子 ⇒ 해중금海中金 태음太陰
정축丁丑 ⇒ 간하수澗下水 태양太陽
14) 갑자甲子 ⇒ 해중금海中金 태음太陰
정축丁丑 ⇒ 간하수澗下水 소음少陰
15) 갑자甲子 ⇒ 해중금海中金 태음太陰
정축丁丑 ⇒ 간하수澗下水 소양少陽
16) 갑자甲子 ⇒ 해중금海中金 태음太陰
정축丁丑 ⇒ 간하수澗下水 태음太陰으로 세분화가 된다.

모든 6합六合이 이를 따르며, 이를 8상론으로 세분화하면 다음과 같다.

8상론八象論

1) 갑자甲子 ⇒ 해중금海中金 양陽 태양太陽

1) 정축丁丑 ⇒ 간하수澗下水 양陽 태양太陽

2) 갑자甲子 ⇒ 해중금海中金 양陽 소음少陰

2) 정축丁丑 ⇒ 간하수澗下水 양陽 소음少陰

3) 갑자甲子 ⇒ 해중금海中金 양陽 소양少陽

3) 정축丁丑 ⇒ 간하수澗下水 양陽 소양少陽

4) 갑자甲子 ⇒ 해중금海中金 양陽 태음太陰

4) 정축丁丑 ⇒ 간하수澗下水 양陽 태음太陰

5) 갑자甲子 ⇒ 해중금海中金 음陰 태양太陽

5) 정축丁丑 ⇒ 간하수澗下水 음陰 태양太陽

6) 갑자甲子 ⇒ 해중금海中金 음陰 소음少陰

6) 정축丁丑 ⇒ 간하수澗下水 음陰 소음少陰

7) 갑자甲子 ⇒ 해중금海中金 음陰 소양少陽

7) 정축丁丑 ⇒ 간하수澗下水 음陰 소양少陽

8) 갑자甲子 ⇒ 해중금海中金 음陰 태음太陰

8) 정축丁丑 ⇒ 간하수澗下水 음陰 태음太陰

이를 조합하면 다음과 같다. 모든 60갑자甲子가 이를 따른다. 이는 주역周易을 바탕으로 해서 이뤄지는 이론이며, 달리 다른 까닭이나 이유가 없다.

(1) 갑자甲子 ⇒ 해중금海中金 양陽 태양太陽
정축丁丑 ⇒ 간하수澗下水 양陽 태양太陽

(2) 갑자甲子 ⇒ 해중금海中金 양陽 태양太陽

정축丁丑 ⇒ 간하수澗下水 양陽 소음少陰

(3) 갑자甲子 ⇒ 해중금海中金 양陽 태양太陽

정축丁丑 ⇒ 간하수澗下水 양陽 소양少陽

(4) 갑자甲子 ⇒ 해중금海中金 양陽 태양太陽

정축丁丑 ⇒ 간하수澗下水 양陽 태음太陰

(5) 갑자甲子 ⇒ 해중금海中金 양陽 태양太陽

정축丁丑 ⇒ 간하수澗下水 음陰 태양太陽

(6) 갑자甲子 ⇒ 해중금海中金 양陽 태양太陽

정축丁丑 ⇒ 간하수澗下水 음陰 소음少陰

(7) 갑자甲子 ⇒ 해중금海中金 양陽 태양太陽

정축丁丑 ⇒ 간하수澗下水 음陰 소양少陽

(8) 갑자甲子 ⇒ 해중금海中金 양陽 태양太陽

정축丁丑 ⇒ 간하수澗下水 음陰 태음太陰

(9) 갑자甲子 ⇒ 해중금海中金 양陽 소음少陰

정축丁丑 ⇒ 간하수澗下水 양陽 태양太陽

(10) 갑자甲子 ⇒ 해중금海中金 양陽 소음少陰

정축丁丑 ⇒ 간하수澗下水 양陽 소음少陰

(11) 갑자甲子 ⇒ 해중금海中金 양陽 소음少陰

정축丁丑 ⇒ 간하수澗下水 양陽 소양少陽

(12) 갑자甲子 ⇒ 해중금海中金 양陽 소음少陰

정축丁丑 ⇒ 간하수澗下水 양陽 태음太陰

(13) 갑자甲子 ⇒ 해중금海中金 양陽 소음少陰

정축丁丑 ⇒ 간하수澗下水 음陰 태양太陽

(14) 갑자甲子 ⇒ 해중금海中金 양陽 소음少陰

정축丁丑 ⇒ 간하수澗下水 음陰 소음少陰

(15) 갑자甲子 ⇒ 해중금海中金 양陽 소음少陰

정축丁丑 ⇒ 간하수澗下水 음陰 소양少陽

(16) 갑자甲子 ⇒ 해중금海中金 양陽 소음少陰

정축丁丑 ⇒ 간하수澗下水 음陰 태음太陰

(17) 갑자甲子 ⇒ 해중금海中金 양陽 소양少陽

정축丁丑 ⇒ 간하수澗下水 양陽 태양太陽

(18) 갑자甲子 ⇒ 해중금海中金 양陽 소양少陽

정축丁丑 ⇒ 간하수澗下水 양陽 소음少陰

(19) 갑자甲子 ⇒ 해중금海中金 양陽 소양少陽

정축丁丑 ⇒ 간하수澗下水 양陽 소양少陽

(20) 갑자甲子 ⇒ 해중금海中金 양陽 소양少陽

정축丁丑 ⇒ 간하수澗下水 양陽 태음太陰

(21) 갑자甲子 ⇒ 해중금海中金 양陽 소양少陽

정축丁丑 ⇒ 간하수澗下水 음陰 태양太陽

(22) 갑자甲子 ⇒ 해중금海中金 양陽 소양少陽

정축丁丑 ⇒ 간하수澗下水 음陰 소음少陰

(23) 갑자甲子 ⇒ 해중금海中金 양陽 소양少陽

정축丁丑 ⇒ 간하수澗下水 음陰 소양少陽

(24) 갑자甲子 ⇒ 해중금海中金 양陽 소양少陽

정축丁丑 ⇒ 간하수澗下水 음陰 태음太陰

(25) 갑자甲子 ⇒ 해중금海中金 양陽 태음太陰
정축丁丑 ⇒ 간하수澗下水 양陽 태양太陽
(26) 갑자甲子 ⇒ 해중금海中金 양陽 태음太陰
정축丁丑 ⇒ 간하수澗下水 양陽 소음少陰
(27) 갑자甲子 ⇒ 해중금海中金 양陽 태음太陰
정축丁丑 ⇒ 간하수澗下水 양陽 소양少陽
(28) 갑자甲子 ⇒ 해중금海中金 양陽 태음太陰
정축丁丑 ⇒ 간하수澗下水 양陽 태음太陰
(29) 갑자甲子 ⇒ 해중금海中金 양陽 태음太陰
정축丁丑 ⇒ 간하수澗下水 음陰 태양太陽
(30) 갑자甲子 ⇒ 해중금海中金 양陽 태음太陰
정축丁丑 ⇒ 간하수澗下水 음陰 소음少陰
(31) 갑자甲子 ⇒ 해중금海中金 양陽 태음太陰
정축丁丑 ⇒ 간하수澗下水 음陰 소양少陽
(32) 갑자甲子 ⇒ 해중금海中金 양陽 태음太陰
정축丁丑 ⇒ 간하수澗下水 음陰 태음太陰
(33) 갑자甲子 ⇒ 해중금海中金 음陰 태양太陽
정축丁丑 ⇒ 간하수澗下水 양陽 태양太陽
(34) 갑자甲子 ⇒ 해중금海中金 음陰 태양太陽
정축丁丑 ⇒ 간하수澗下水 양陽 소음少陰
(35) 갑자甲子 ⇒ 해중금海中金 음陰 태양太陽
정축丁丑 ⇒ 간하수澗下水 양陽 소양少陽
(36) 갑자甲子 ⇒ 해중금海中金 음陰 태양太陽

정축丁丑 ⇒ 간하수澗下水 양陽 태음太陰

(37) 갑자甲子 ⇒ 해중금海中金 음陰 태양太陽

정축丁丑 ⇒ 간하수澗下水 음陰 태양太陽

(38) 갑자甲子 ⇒ 해중금海中金 음陰 태양太陽

정축丁丑 ⇒ 간하수澗下水 음陰 소음少陰

(39) 갑자甲子 ⇒ 해중금海中金 음陰 태양太陽

정축丁丑 ⇒ 간하수澗下水 음陰 소양少陽

(40) 갑자甲子 ⇒ 해중금海中金 음陰 태양太陽

정축丁丑 ⇒ 간하수澗下水 음陰 태음太陰

(41) 갑자甲子 ⇒ 해중금海中金 음陰 소음少陰

정축丁丑 ⇒ 간하수澗下水 양陽 태양太陽

(42) 갑자甲子 ⇒ 해중금海中金 음陰 소음少陰

정축丁丑 ⇒ 간하수澗下水 양陽 소음少陰

(43) 갑자甲子 ⇒ 해중금海中金 음陰 소음少陰

정축丁丑 ⇒ 간하수澗下水 양陽 소양少陽

(44) 갑자甲子 ⇒ 해중금海中金 음陰 소음少陰

정축丁丑 ⇒ 간하수澗下水 양陽 태음太陰

(45) 갑자甲子 ⇒ 해중금海中金 음陰 소음少陰

정축丁丑 ⇒ 간하수澗下水 음陰 태양太陽

(46) 갑자甲子 ⇒ 해중금海中金 음陰 소음少陰

정축丁丑 ⇒ 간하수澗下水 음陰 소음少陰

(47) 갑자甲子 ⇒ 해중금海中金 음陰 소음少陰

정축丁丑 ⇒ 간하수澗下水 음陰 소양少陽

(48) 갑자甲子 ⇒ 해중금海中金 음陰 소음少陰

정축丁丑 ⇒ 간하수澗下水 음陰 태음太陰

(49) 갑자甲子 ⇒ 해중금海中金 음陰 소양少陽

정축丁丑 ⇒ 간하수澗下水 양陽 태양太陽

(50) 갑자甲子 ⇒ 해중금海中金 음陰 소양少陽

정축丁丑 ⇒ 간하수澗下水 양陽 소음少陰

(51) 갑자甲子 ⇒ 해중금海中金 음陰 소양少陽

정축丁丑 ⇒ 간하수澗下水 양陽 소양少陽

(52) 갑자甲子 ⇒ 해중금海中金 음陰 소양少陽

정축丁丑 ⇒ 간하수澗下水 양陽 태음太陰

(53) 갑자甲子 ⇒ 해중금海中金 음陰 소양少陽

정축丁丑 ⇒ 간하수澗下水 음陰 태양太陽

(54) 갑자甲子 ⇒ 해중금海中金 음陰 소양少陽

정축丁丑 ⇒ 간하수澗下水 음陰 소음少陰

(55) 갑자甲子 ⇒ 해중금海中金 음陰 소양少陽

정축丁丑 ⇒ 간하수澗下水 음陰 소양少陽

(56) 갑자甲子 ⇒ 해중금海中金 음陰 소양少陽

정축丁丑 ⇒ 간하수澗下水 음陰 태음太陰

(57) 갑자甲子 ⇒ 해중금海中金 음陰 태음太陰

정축丁丑 ⇒ 간하수澗下水 양陽 태양太陽

(58) 갑자甲子 ⇒ 해중금海中金 음陰 태음太陰

정축丁丑 ⇒ 간하수澗下水 양陽 소음少陰

(59) 갑자甲子 ⇒ 해중금海中金 음陰 태음太陰

정축丁丑 ⇒ 간하수澗下水 양陽 소양少陽

(60) 갑자甲子 ⇒ 해중금海中金 음陰 태음太陰

정축丁丑 ⇒ 간하수澗下水 양陽 태음太陰

(61) 갑자甲子 ⇒ 해중금海中金 음陰 태음太陰

정축丁丑 ⇒ 간하수澗下水 음陰 태양太陽

(62) 갑자甲子 ⇒ 해중금海中金 음陰 태음太陰

정축丁丑 ⇒ 간하수澗下水 음陰 소음少陰

(63) 갑자甲子 ⇒ 해중금海中金 음陰 태음太陰

정축丁丑 ⇒ 간하수澗下水 음陰 소양少陽

(64) 갑자甲子 ⇒ 해중금海中金 음陰 태음太陰

정축丁丑 ⇒ 간하수澗下水 음陰 태음太陰으로 더욱 세분화細分化되어 사람의 타고남을 밝혀주는 것이 동양학東洋學의 진수다. 이는 주역周易을 바탕으로 해서 드러나는 이론이며, 달리 다른 연유에서 전해지는 것이 아니다. 밝은 스승을 만나 참구參究하고 참구參究해야 할 학문學文인 것이다. 모든 60갑자甲子가 이를 따르며, 이를 통변通變이라고 한다.

(2) 사신형巳申刑

사巳 **⇒ 음**陰

가. 갑신甲申 ⇒ **천중수**泉中水 양陽

나. 병신丙申 ⇒ **산하화**山下火 양陽

다. 무신戊申 ⇒ **대역토**大驛土 양陽

라. 경신庚申 ⇒ **석류목**石榴木 양陽

신申 **⇒ 양**陽

가. 을사乙巳 ⇒ **복등화**覆燈火 음陰

나. 정사丁巳 ⇒ **사중토**沙中土 음陰

다. 기사己巳 ⇒ **대림목**大林木 음陰

라. 신사辛巳 ⇒ **백납금**白鑞金 음陰

마. 임신壬申 ⇒ 검봉금劍鋒金 양陽 　 마. 계사癸巳 ⇒ 장류수長流水 음陰

(3) 인신형寅申刑

인寅 **⇒ 양**陽 　 **신**申 **⇒ 양**陽

가. 갑인甲寅 ⇒ 대계수大溪水 양陽 　 가. 갑신甲申 ⇒ 천중수泉中水 양陽

나. 병인丙寅 ⇒ 노중화爐中火 양陽 　 나. 병신丙申 ⇒ 산하화山下火 양陽

다. 무인戊寅 ⇒ 성두토城頭土 양陽 　 다. 무신戊申 ⇒ 대역토大驛土 양陽

라. 경인庚寅 ⇒ 송백목松柏木 양陽 　 라. 경신庚申 ⇒ 석류목石榴木 양陽

마. 임인壬寅 ⇒ 금박금金箔金 양陽 　 마. 임신壬申 ⇒ 검봉금劍鋒金 양陽

2) 무은지형無恩之刑

성질이 냉혹冷酷하고 배신背信을 당하거나 배신을 때린다고 한다. 친구나 은인恩人을 해친다고 이른다.

(1) 축술형丑戌刑

축丑 **⇒ 음**陰 　 **술**戌 **⇒ 양**陽

가. 을축乙丑 ⇒ 해중금海中金 음陰 　 가. 갑술甲戌 ⇒ 산두화山頭火 양陽

나. 정축丁丑 ⇒ 간하수澗下水 음陰 　 나. 병술丙戌 ⇒ 옥상토屋上土 양陽

다. 기축己丑 ⇒ 벽력화霹靂火 음陰
라. 신축辛丑 ⇒ 벽상토壁上土 음陰
마. 계축癸丑 ⇒ 상자목桑柘木 음陰

다. 무술戊戌 ⇒ 평지목平地木 양陽
라. 경술庚戌 ⇒ 차천금鍷釧金 양陽
마. 임술壬戌 ⇒ 대해수大海水 양陽

(2) 술미형戌未刑

술戌 ⇒ **양**陽
가. 갑술甲戌 ⇒ 산두화山頭火 양陽
나. 병술丙戌 ⇒ 옥상토屋上土 양陽
다. 무술戊戌 ⇒ 평지목平地木 양陽
라. 경술庚戌 ⇒ 차천금鍷釧金 양陽
마. 임술壬戌 ⇒ 대해수大海水 양陽

미未 ⇒ **음**陰
가. 을미乙未 ⇒ 사중금沙中金 음陰
나. 정미丁未 ⇒ 천하수天下水 음陰
다. 기미己未 ⇒ 천상화天上火 음陰
라. 신미辛未 ⇒ 노방토路傍土 음陰
마. 계미癸未 ⇒ 양류목楊柳木 음陰

(3) 축미형丑未刑

축丑 ⇒ **음**陰
가. 을축乙丑 ⇒ 해중금海中金 음陰
나. 정축丁丑 ⇒ 간하수澗下水 음陰
다. 기축己丑 ⇒ 벽력화霹靂火 음陰
라. 신축辛丑 ⇒ 벽상토壁上土 음陰
마. 계축癸丑 ⇒ 상자목桑柘木 음陰

미未 ⇒ **음**陰
가. 을미乙未 ⇒ 사중금沙中金 음陰
나. 정미丁未 ⇒ 천하수天下水 음陰
다. 기미己未 ⇒ 천상화天上火 음陰
라. 신미辛未 ⇒ 노방토路傍土 음陰
마. 계미癸未 ⇒ 양류목楊柳木 음陰

3) 무례지형無禮之刑

타고난 성질이 흉포凶暴하고 예의를 무시하며 욕심이 많다고 한다. 또한 상대방에게 불쾌감을 준다고 한다.

(1) 자묘형子卯刑

자子 ⇒ **양**陽	**묘**卯 ⇒ **음**陰
가. 갑자甲子 ⇒ **해중금**海中金 양陽	가. 을묘乙卯 ⇒ **대계수**大溪水 음陰
나. 병자丙子 ⇒ **간하수**澗下水 양陽	나. 정묘丁卯 ⇒ **노중화**爐中火 음陰
다. 무자戊子 ⇒ **벽력화**霹靂火 양陽	다. 기묘己卯 ⇒ **성두토**城頭土 음陰
라. 경자庚子 ⇒ **벽상토**壁上土 양陽	라. 신묘辛卯 ⇒ **송백목**松柏木 음陰
마. 임자壬子 ⇒ **상자목**桑柘木 양陽	마. 계묘癸卯 ⇒ **금박금**金箔金 음陰

(2) 묘자형卯子刑

묘卯 ⇒ **음**陰	**자**子 ⇒ **양**陽
가. 을묘乙卯 ⇒ **대계수**大溪水 음陰	가. 갑자甲子 ⇒ **해중금**海中金 양陽
나. 정묘丁卯 ⇒ **노중화**爐中火 음陰	나. 병자丙子 ⇒ **간하수**澗下水 양陽
다. 기묘己卯 ⇒ **성두토**城頭土 음陰	다. 무자戊子 ⇒ **벽력화**霹靂火 양陽
라. 신묘辛卯 ⇒ **송백목**松柏木 음陰	라. 경자庚子 ⇒ **벽상토**壁上土 양陽
마. 계묘癸卯 ⇒ **금박금**金箔金 음陰	마. 임자壬子 ⇒ **상자목**桑柘木 양陽

4) 자형自刑

독립심이 매우 약하고 억울한 일을 자주 당하며 자기주장自己主張이 강하다고 한다.

(1) 진진형辰辰刑

진辰 ⇒ **양**陽	**진**辰 ⇒ **양**陽
가. 갑진甲辰 ⇒ 복등화覆燈火 양陽	가. 갑진甲辰 ⇒ 복등화覆燈火 양陽
나. 병진丙辰 ⇒ 사중토沙中土 양陽	나. 병진丙辰 ⇒ 사중토沙中土 양陽
다. 무진戊辰 ⇒ 대림목大林木 양陽	다. 무진戊辰 ⇒ 대림목大林木 양陽
라. 경진庚辰 ⇒ 백납금白鑞金 양陽	라. 경진庚辰 ⇒ 백납금白鑞金 양陽
마. 임진壬辰 ⇒ 장류수長流水 양陽	마. 임진壬辰 ⇒ 장류수長流水 양陽

(2) 오오형午午刑

오午 ⇒ **양**陽	**오**午 ⇒ **양**陽
가. 갑오甲午 ⇒ 사중금沙中金 양陽	가. 갑오甲午 ⇒ 사중금沙中金 양陽
나. 병오丙午 ⇒ 천하수天下水 양陽	나. 병오丙午 ⇒ 천하수天下水 양陽
다. 무오戊午 ⇒ 천상화天上火 양陽	다. 무오戊午 ⇒ 천상화天上火 양陽
라. 경오庚午 ⇒ 노방토路傍土 양陽	라. 경오庚午 ⇒ 노방토路傍土 양陽
마. 임오壬午 ⇒ 양류목楊柳木 양陽	마. 임오壬午 ⇒ 양류목楊柳木 양陽

(3) 유유형酉酉刑

유酉 ⇒ 음陰

가. 을유乙酉 ⇒ 천중수泉中水 음陰

나. 정유丁酉 ⇒ 산하화山下火 음陰

다. 기유己酉 ⇒ 대역토大驛土 음陰

라. 신유辛酉 ⇒ 석류목石榴木 음陰

마. 계유癸酉 ⇒ 검봉금劍鋒金 음陰

유酉 ⇒ 음陰

가. 을유乙酉 ⇒ 천중수泉中水 음陰

나. 정유丁酉 ⇒ 산하화山下火 음陰

다. 기유己酉 ⇒ 대역토大驛土 음陰

라. 신유辛酉 ⇒ 석류목石榴木 음陰

마. 계유癸酉 ⇒ 검봉금劍鋒金 음陰

(4) 해해형亥亥刑

해亥 ⇒ 음陰

가. 을해乙亥 ⇒ 산두화山頭火 음陰

나. 정해丁亥 ⇒ 옥상토屋上土 음陰

다. 기해己亥 ⇒ 평지목平地木 음陰

라. 신해辛亥 ⇒ 차천금鎈釧金 음陰

마. 계해癸亥 ⇒ 대해수大海水 음陰

해亥 ⇒ 음陰

가. 을해乙亥 ⇒ 산두화山頭火 음陰

나. 정해丁亥 ⇒ 옥상토屋上土 음陰

다. 기해己亥 ⇒ 평지목平地木 음陰

라. 신해辛亥 ⇒ 차천금鎈釧金 음陰

마. 계해癸亥 ⇒ 대해수大海水 음陰

지지地支 충살沖殺에 대하여

12지지가 서로 배반背反하는 상극관계相剋關係라 한다. 앞의 형살刑殺과 같은 이론이다.

지지별地支別로 오행五行이 배속配屬되어있기 때문에 모든 것이 상생相生, 상극相剋, 상비相比한다.

1) 자오충子午沖

자子 ⇒ **양**陽

(1) 갑자甲子 ⇒ **해중금**海中金 **양**陽

(2) 병자丙子 ⇒ **간하수**澗下水 **양**陽

오午 ⇒ **양**陽

(1) 갑오甲午 ⇒ **사중금**沙中金 **양**陽

(2) 병오丙午 ⇒ **천하수**天下水 **양**陽

(3) **무자**戊子 ⇒ **벽력화**霹靂火 **양**陽

(4) **경자**庚子 ⇒ **벽상토**壁上土 **양**陽

(5) **임자**壬子 ⇒ **상자목**桑柘木 **양**陽

(3) **무오**戊午 ⇒ **천상화**天上火 **양**陽

(4) **경오**庚午 ⇒ **노방토**路傍土 **양**陽

(5) **임오**壬午 ⇒ **양류목**楊柳木 **양**陽

간략하게 설명하면 다음과 같다.

갑자甲子 ⇒ 해중금海中金 양陽,

갑오甲午 ⇒ 사중금沙中金 양陽은 상비다.

갑자甲子 ⇒ 해중금海中金 양陽,

병오丙午 ⇒ 천하수天下水 양陽은 상생이다.

갑자甲子 ⇒ 해중금海中金 양陽,

무오戊午 ⇒ 천상화天上火 양陽은 상생이다.

갑자甲子 ⇒ 해중금海中金 양陽,

경오庚午 ⇒ 노방토路傍土 양陽은 상생이다.

갑자甲子 ⇒ 해중금海中金 양陽,

임오壬午 ⇒ 양류목楊柳木 양陽은 충살이다.

병자丙子 ⇒ 간하수澗下水 양陽,

갑오甲午 ⇒ 사중금沙中金 양陽은 상생이다.

병자丙子 ⇒ 간하수澗下水 양陽,

병오丙午 ⇒ 천하수天下水 양陽은 상비다.

병자丙子 ⇒ 간하수澗下水 양陽,

무오戊午 ⇒ 천상화天上火 양陽은 충살이다.

병자丙子 ⇒ 간하수澗下水 양陽,

경오庚午 ⇒ 노방토路傍土 양陽은 충살이다.

병자丙子 ⇒ 간하수澗下水 양陽,

임오壬午 ⇒ 양류목楊柳木 양陽은 상생이다.

무자戊子 ⇒ 벽력화霹靂火 양陽,

갑오甲午 ⇒ 사중금沙中金 양陽은 충살이다.

무자戊子 ⇒ 벽력화霹靂火 양陽,

병오丙午 ⇒ 천하수天下水 양陽은 충살이다.

무자戊子 ⇒ 벽력화霹靂火 양陽,

무오戊午 ⇒ 천상화天上火 양陽은 상비다.

무자戊子 ⇒ 벽력화霹靂火 양陽,

경오庚午 ⇒ 노방토路傍土 양陽은 상생이다.

무자戊子 ⇒ 벽력화霹靂火 양陽,

임오壬午 ⇒ 양류목楊柳木 양陽은 상생이다.

경자庚子 ⇒ 벽상토壁上土 양陽,

갑오甲午 ⇒ 사중금沙中金 양陽은 상생이다.

경자庚子 ⇒ 벽상토壁上土 양陽,

병오丙午 ⇒ 천하수天下水 양陽은 충살이다.

경자庚子 ⇒ 벽상토壁上土 양陽,

무오戊午 ⇒ 천상화天上火 양陽은 상생이다.

경자庚子 ⇒ 벽상토壁上土 양陽,

경오庚午 ⇒ 노방토路傍土 양陽은 상비다.

경자庚子 ⇒ 벽상토壁上土 양陽,

임오壬午 ⇒ 양류목楊柳木 양陽은 충살이다.

임자壬子 ⇒ 상자목桑柘木 양陽,

갑오甲午 ⇒ 사중금沙中金 양陽은 충살이다.

임자壬子 ⇒ 상자목桑柘木 양陽,

병오丙午 ⇒ 천하수天下水 양陽은 상생이다.

임자壬子 ⇒ 상자목桑柘木 양陽,

무오戊午 ⇒ 천상화天上火 양陽은 상생이다.

임자壬子 ⇒ 상자목桑柘木 양陽,

경오庚午 ⇒ 노방토路傍土 양陽은 충살이다.

임자壬子 ⇒ 상자목桑柘木 양陽,

임오壬午 ⇒ 양류목楊柳木 양陽은 상비다.

충살沖殺은 이렇게 설명이 된다. 서로 간에 차이는 있지만, 자세한 것은 좋은 스승을 만나 배우기를 바란다. 충살沖殺은 여기서 생략한다. 이는 2상론二象論일 뿐이다. 4상론四象論, 8상론八象論으로 풀게 되면 더 자세하게 볼 수가 있는 것이 동양철학東洋哲學이다.

2) 묘유충卯酉沖

묘卯 ⇒ **음**陰

(1) 을묘乙卯 ⇒ **대계수**大溪水 음陰

(2) 정묘丁卯 ⇒ **노중화**爐中火 음陰

(3) 기묘己卯 ⇒ **성두토**城頭土 음陰

(4) 신묘辛卯 ⇒ **송백목**松柏木 음陰

유酉 ⇒ **음**陰

(1) 을유乙酉 ⇒ **천중수**泉中水 음陰

(2) 정유丁酉 ⇒ **산하화**山下火 음陰

(3) 기유己酉 ⇒ **대역토**大驛土 음陰

(4) 신유辛酉 ⇒ **석류목**石榴木 음陰

(5) 계묘癸卯 ⇒ 금박금金箔金 음陰

(5) 계유癸酉 ⇒ 검봉금劍鋒金 음陰

3) 축미충丑未沖

축丑 ⇒ **음**陰

(1) 을축乙丑 ⇒ 해중금海中金 음陰

(2) 정축丁丑 ⇒ 간하수澗下水 음陰

(3) 기축己丑 ⇒ 벽력화霹靂火 음陰

(4) 신축辛丑 ⇒ 벽상토壁上土 음陰

(5) 계축癸丑 ⇒ 상자목桑柘木 음陰

미未 ⇒ **음**陰

(1) 을미乙未 ⇒ 사중금沙中金 음陰

(2) 정미丁未 ⇒ 천하수天下水 음陰

(3) 기미己未 ⇒ 천상화天上火 음陰

(4) 신미辛未 ⇒ 노방토路傍土 음陰

(5) 계미癸未 ⇒ 양류목楊柳木 음陰

4) 진술충辰戌沖

진辰 ⇒ **양**陽

(1) 갑진甲辰 ⇒ 복등화覆燈火 양陽

(2) 병진丙辰 ⇒ 사중토沙中土 양陽

(3) 무진戊辰 ⇒ 대림목大林木 양陽

(4) 경진庚辰 ⇒ 백납금白鑞金 양陽

(5) 임진壬辰 ⇒ 장류수長流水 양陽

술戌 ⇒ **양**陽

(1) 갑술甲戌 ⇒ 산두화山頭火 양陽

(2) 병술丙戌 ⇒ 옥상토屋上土 양陽

(3) 무술戊戌 ⇒ 평지목平地木 양陽

(4) 경술庚戌 ⇒ 차천금釵釧金 양陽

(5) 임술壬戌 ⇒ 대해수大海水 양陽

5) 인신충寅申沖

인寅 ⇒ **양**陽

(1) 갑인甲寅 ⇒ 대계수大溪水 양陽

(2) 병인丙寅 ⇒ 노중화爐中火 양陽

(3) 무인戊寅 ⇒ 성두토城頭土 양陽

(4) 경인庚寅 ⇒ 송백목松柏木 양陽

(5) 임인壬寅 ⇒ 금박금金箔金 양陽

신申 ⇒ **양**陽

(1) 갑신甲申 ⇒ 천중수泉中水 양陽

(2) 병신丙申 ⇒ 산하화山下火 양陽

(3) 무신戊申 ⇒ 대역토大驛土 양陽

(4) 경신庚申 ⇒ 석류목石榴木 양陽

(5) 임신壬申 ⇒ 검봉금劍鋒金 양陽

6) 사해충巳亥沖

사巳 ⇒ **음**陰

(1) 을사乙巳 ⇒ 복등화覆燈火 음陰

(2) 정사丁巳 ⇒ 사중토沙中土 음陰

(3) 기사己巳 ⇒ 대림목大林木 음陰

(4) 신사辛巳 ⇒ 백납금白鑞金 음陰

(5) 계사癸巳 ⇒ 장류수長流水 음陰

해亥 ⇒ **음**陰

(1) 을해乙亥 ⇒ 산두화山頭火 음陰

(2) 정해丁亥 ⇒ 옥상토屋上土 음陰

(3) 기해己亥 ⇒ 평지목平地木 음陰

(4) 신해辛亥 ⇒ 차천금釵釧金 음陰

(5) 계해癸亥 ⇒ 대해수大海水 음陰

지지地支 파살破殺에 대하여

이르기를 인간풍파人間風波, 재물풍파財物風波가 많고 이러한 까닭에 사회적社會的으로 출세出世가 늦어지고 우환憂患과 병환病患까지 따르는 가운데 이별離別 수까지도 있을 수 있다고 한다.

지지별地支別로 오행五行이 배속配屬되어 있기 때문에 모든 것이 상생相生, 상극相剋, 상비相比한다.

1) 자유파子酉破

자子 ⇒ 양陽

(1) 갑자甲子 ⇒ 해중금海中金 양陽

유酉 ⇒ 음陰

(1) 을유乙酉 ⇒ 천중수泉中水 음陰

(2) **병자**丙子 ⇒ **간하수**澗下水 **양**陽
(3) **무자**戊子 ⇒ **벽력화**霹靂火 **양**陽
(4) **경자**庚子 ⇒ **벽상토**壁上土 **양**陽
(5) **임자**壬子 ⇒ **상자목**桑柘木 **양**陽

(2) **정유**丁酉 ⇒ **산하화**山下火 **음**陰
(3) **기유**己酉 ⇒ **대역토**大驛土 **음**陰
(4) **신유**辛酉 ⇒ **석류목**石榴木 **음**陰
(5) **계유**癸酉 ⇒ **검봉금**劍鋒金 **음**陰

간략하게 설명하면 다음과 같다.
갑자甲子 ⇒ 해중금海中金 양陽,
을유乙酉 ⇒ 천중수泉中水 음陰은 상생이다.
갑자甲子 ⇒ 해중금海中金 양陽,
정유丁酉 ⇒ 산하화山下火 음陰은 파살이다.
갑자甲子 ⇒ 해중금海中金 양陽,
기유己酉 ⇒ 대역토大驛土 음陰은 상생이다.
갑자甲子 ⇒ 해중금海中金 양陽,
신유辛酉 ⇒ 석류목石榴木 음陰은 파살이다.
갑자甲子 ⇒ 해중금海中金 양陽,
계유癸酉 ⇒ 검봉금劍鋒金 음陰은 상비다.
병자丙子 ⇒ 간하수澗下水 양陽,
을유乙酉 ⇒ 천중수泉中水 음陰은 상비다.
병자丙子 ⇒ 간하수澗下水 양陽,
정유丁酉 ⇒ 산하화山下火 음陰은 상생이다.
병자丙子 ⇒ 간하수澗下水 양陽,
기유己酉 ⇒ 대역토大驛土 음陰은 파살이다.
병자丙子 ⇒ 간하수澗下水 양陽,

신유辛酉 ⇒ 석류목石榴木 음陰은 상생이다.

병자丙子 ⇒ 간하수澗下水 양陽,

계유癸酉 ⇒ 검봉금劍鋒金 음陰은 상생이다.

무자戊子 ⇒ 벽력화霹靂火 양陽,

을유乙酉 ⇒ 천중수泉中水 음陰은 파살이다.

무자戊子 ⇒ 벽력화霹靂火 양陽,

정유丁酉 ⇒ 산하화山下火 음陰은 상비다.

무자戊子 ⇒ 벽력화霹靂火 양陽,

기유己酉 ⇒ 대역토大驛土 음陰은 상생이다.

무자戊子 ⇒ 벽력화霹靂火 양陽,

신유辛酉 ⇒ 석류목石榴木 음陰은 상생이다.

무자戊子 ⇒ 벽력화霹靂火 양陽,

계유癸酉 ⇒ 검봉금劍鋒金 음陰은 파살이다.

경자庚子 ⇒ 벽상토壁上土 양陽,

을유乙酉 ⇒ 천중수泉中水 음陰은 파살이다.

경자庚子 ⇒ 벽상토壁上土 양陽,

정유丁酉 ⇒ 산하화山下火 음陰은 상생이다.

경자庚子 ⇒ 벽상토壁上土 양陽,

기유己酉 ⇒ 대역토大驛土 음陰은 상비다.

경자庚子 ⇒ 벽상토壁上土 양陽,

신유辛酉 ⇒ 석류목石榴木 음陰은 파살이다.

경자庚子 ⇒ 벽상토壁上土 양陽,

계유癸酉 ⇒ 검봉금劍鋒金 음陰은 상생이다.

임자壬子 ⇒ 상자목桑柘木 양陽,

을유乙酉 ⇒ 천중수泉中水 음陰은 상생이다.

임자壬子 ⇒ 상자목桑柘木 양陽,

정유丁酉 ⇒ 산하화山下火 음陰은 상생이다.

임자壬子 ⇒ 상자목桑柘木 양陽,

기유己酉 ⇒ 대역토大驛土 음陰은 파살이다.

임자壬子 ⇒ 상자목桑柘木 양陽,

신유辛酉 ⇒ 석류목石榴木 음陰은 상비다.

임자壬子 ⇒ 상자목桑柘木 양陽,

계유癸酉 ⇒ 검봉금劍鋒金 음陰은 파살이다.

파살破殺은 이렇게 설명이 된다. 서로 간에 차이는 있지만 자세한 것은 좋은 스승을 만나 배우기를 바란다. 파살破殺은 여기서 생략한다. 이는 2상론二象論일 뿐이다. 4상론四象論, 8상론八象論으로 풀게 되면 더 자세하게 볼 수가 있는 것이 동양철학東洋哲學이다.

2) 오묘파午卯破

오午 ⇒ **양**陽	**묘**卯 ⇒ **음**陰
(1) **갑오**甲午 ⇒ **사중금**沙中金 **양**陽	(1) **을묘**乙卯 ⇒ **대계수**大溪水 **음**陰
(2) **병오**丙午 ⇒ **천하수**天下水 **양**陽	(2) **정묘**丁卯 ⇒ **노중화**爐中火 **음**陰
(3) **무오**戊午 ⇒ **천상화**天上火 **양**陽	(3) **기묘**己卯 ⇒ **성두토**城頭土 **음**陰

(4) 경오庚午 ⇒ 노방토路傍土 양陽
(5) 임오壬午 ⇒ 양류목楊柳木 양陽

(4) 신묘辛卯 ⇒ 송백목松柏木 음陰
(5) 계묘癸卯 ⇒ 금박금金箔金 음陰

3) 축진파丑辰破

축丑 ⇒ 음陰
(1) 을축乙丑 ⇒ 해중금海中金 음陰
(2) 정축丁丑 ⇒ 간하수澗下水 음陰
(3) 기축己丑 ⇒ 벽력화霹靂火 음陰
(4) 신축辛丑 ⇒ 벽상토壁上土 음陰
(5) 계축癸丑 ⇒ 상자목桑柘木 음陰

진辰 ⇒ 양陽
(1) 갑진甲辰 ⇒ 복등화覆燈火 양陽
(2) 병진丙辰 ⇒ 사중토沙中土 양陽
(3) 무진戊辰 ⇒ 대림목大林木 양陽
(4) 경진庚辰 ⇒ 백납금白鑞金 양陽
(5) 임진壬辰 ⇒ 장류수長流水 양陽

4) 사신파巳申破

사巳 ⇒ 음陰
(1) 을사乙巳 ⇒ 복등화覆燈火 음陰
(2) 정사丁巳 ⇒ 사중토沙中土 음陰
(3) 기사己巳 ⇒ 대림목大林木 음陰
(4) 신사辛巳 ⇒ 백납금白鑞金 음陰

신申 ⇒ 양陽
(1) 갑신甲申 ⇒ 천중수泉中水 양陽
(2) 병신丙申 ⇒ 산하화山下火 양陽
(3) 무신戊申 ⇒ 대역토大驛土 양陽
(4) 경신庚申 ⇒ 석류목石榴木 양陽

(5) 계사癸巳 ⇒ 장류수長流水 음陰

(5) 임신壬申 ⇒ 검봉금劍鋒金 양陽

5) 인해파寅亥破

인寅 ⇒ **양**陽

(1) 갑인甲寅 ⇒ 대계수大溪水 양陽

(2) 병인丙寅 ⇒ 노중화爐中火 양陽

(3) 무인戊寅 ⇒ 성두토城頭土 양陽

(4) 경인庚寅 ⇒ 송백목松柏木 양陽

(5) 임인壬寅 ⇒ 금박금金箔金 양陽

해亥 ⇒ **음**陰

(1) 을해乙亥 ⇒ 산두화山頭火 음陰

(2) 정해丁亥 ⇒ 옥상토屋上土 음陰

(3) 기해己亥 ⇒ 평지목平地木 음陰

(4) 신해辛亥 ⇒ 차천금鎈釧金 음陰

(5) 계해癸亥 ⇒ 대해수大海水 음陰

6) 미술파未戌破

미未 ⇒ **음**陰

(1) 을미乙未 ⇒ 사중금沙中金 음陰

(2) 정미丁未 ⇒ 천하수天下水 음陰

(3) 기미己未 ⇒ 천상화天上火 음陰

(4) 신미辛未 ⇒ 노방토路傍土 음陰

(5) 계미癸未 ⇒ 양류목楊柳木 음陰

술戌 ⇒ **양**陽

(1) 갑술甲戌 ⇒ 산두화山頭火 양陽

(2) 병술丙戌 ⇒ 옥상토屋上土 양陽

(3) 무술戊戌 ⇒ 평지목平地木 양陽

(4) 경술庚戌 ⇒ 차천금鎈釧金 양陽

(5) 임술壬戌 ⇒ 대해수大海水 양陽

지지地支 해살害殺에 대하여

평생을 살아가면서 재물에 따른 손해가 막심莫甚하며 가족과 이별離別하고 고독孤獨하게 지내는 액운厄運이 따른다고 한다.

지지별地支別로 오행五行이 배속配屬되어있기 때문에 모든 것이 상생相生, 상극相剋, 상비相比한다.

1) 자미해子未害

자子 ⇒ **양**陽

(1) 갑자甲子 ⇒ **해중금**海中金 **양**陽

(2) 병자丙子 ⇒ **간하수**澗下水 **양**陽

(3) 무자戊子 ⇒ **벽력화**霹靂火 **양**陽

(4) 경자庚子 ⇒ **벽상토**壁上土 **양**陽

미未 ⇒ **음**陰

(1) 을미乙未 ⇒ **사중금**沙中金 **음**陰

(2) 정미丁未 ⇒ **천하수**天下水 **음**陰

(3) 기미己未 ⇒ **천상화**天上火 **음**陰

(4) 신미辛未 ⇒ **노방토**路傍土 **음**陰

(5) 임자壬子 ⇒ 상자목桑柘木 양陽 (5) 계미癸未 ⇒ 양류목楊柳木 음陰

간략하게 설명하면 다음과 같다.

갑자甲子 ⇒ 해중금海中金 양陽,

을미乙未 ⇒ 사중금沙中金 음陰은 상비다.

갑자甲子 ⇒ 해중금海中金 양陽,

정미丁未 ⇒ 천하수天下水 음陰은 상생이다.

갑자甲子 ⇒ 해중금海中金 양陽,

기미己未 ⇒ 천상화天上火 음陰은 해살이다.

갑자甲子 ⇒ 해중금海中金 양陽,

신미辛未 ⇒ 노방토路傍土 음陰은 상생이다.

갑자甲子 ⇒ 해중금海中金 양陽,

계미癸未 ⇒ 양류목楊柳木 음陰은 해살이다.

병자丙子 ⇒ 간하수澗下水 양陽,

을미乙未 ⇒ 사중금沙中金 음陰은 상생이다.

병자丙子 ⇒ 간하수澗下水 양陽,

정미丁未 ⇒ 천하수天下水 음陰은 상비다.

병자丙子 ⇒ 간하수澗下水 양陽,

기미己未 ⇒ 천상화天上火 음陰은 해살이다.

병자丙子 ⇒ 간하수澗下水 양陽,

신미辛未 ⇒ 노방토路傍土 음陰은 해살이다.

병자丙子 ⇒ 간하수澗下水 양陽,

계미癸未 ⇒ 양류목楊柳木 음陰은 상생이다.

무자戊子 ⇒ 벽력화霹靂火 양陽,

을미乙未 ⇒ 사중금沙中金 음陰은 해살이다.

무자戊子 ⇒ 벽력화霹靂火 양陽,

정미丁未 ⇒ 천하수天下水 음陰은 해살이다.

무자戊子 ⇒ 벽력화霹靂火 양陽,

기미己未 ⇒ 천상화天上火 음陰은 상비다.

무자戊子 ⇒ 벽력화霹靂火 양陽,

신미辛未 ⇒ 노방토路傍土 음陰은 상생이다.

무자戊子 ⇒ 벽력화霹靂火 양陽,

계미癸未 ⇒ 양류목楊柳木 음陰은 상생이다.

경자庚子 ⇒ 벽상토壁上土 양陽,

을미乙未 ⇒ 사중금沙中金 음陰은 상생이다.

경자庚子 ⇒ 벽상토壁上土 양陽,

정미丁未 ⇒ 천하수天下水 음陰은 해살이다.

경자庚子 ⇒ 벽상토壁上土 양陽,

기미己未 ⇒ 천상화天上火 음陰은 상생이다.

경자庚子 ⇒ 벽상토壁上土 양陽,

신미辛未 ⇒ 노방토路傍土 음陰은 상비다.

경자庚子 ⇒ 벽상토壁上土 양陽,

계미癸未 ⇒ 양류목楊柳木 음陰은 해살이다.

임자壬子 ⇒ 상자목桑柘木 양陽,

을미乙未 ⇒ 사중금沙中金 음陰은 해살이다.

임자壬子 ⇒ 상자목桑柘木 양陽,

정미丁未 ⇒ 천하수天下水 음陰은 상생이다.

임자壬子 ⇒ 상자목桑柘木 양陽,

기미己未 ⇒ 천상화天上火 음陰은 상생이다.

임자壬子 ⇒ 상자목桑柘木 양陽,

신미辛未 ⇒ 노방토路傍土 음陰은 해살이다.

임자壬子 ⇒ 상자목桑柘木 양陽,

계미癸未 ⇒ 양류목楊柳木 음陰은 상비다.

해살害殺은 이렇게 설명이 된다. 서로 간에 차이는 있지만 자세한 것은 좋은 스승을 만나 배우기를 바란다. 해살害殺은 여기서 생략한다. 이는 2상론二象論일 뿐이다. 4상론四象論, 8상론八象論으로 풀게 되면 더 자세하게 볼 수가 있는 것이 동양철학東洋哲學이다.

2) 묘진해卯辰害

묘卯 ⇒ **음**陰

(1) 을묘乙卯 ⇒ 대계수大溪水 음陰

(2) 정묘丁卯 ⇒ 노중화爐中火 음陰

(3) 기묘己卯 ⇒ 성두토城頭土 음陰

(4) 신묘辛卯 ⇒ 송백목松柏木 음陰

(5) 계묘癸卯 ⇒ 금박금金箔金 음陰

진辰 ⇒ **양**陽

(1) 갑진甲辰 ⇒ 복등화覆燈火 양陽

(2) 병진丙辰 ⇒ 사중토沙中土 양陽

(3) 무진戊辰 ⇒ 대림목大林木 양陽

(4) 경진庚辰 ⇒ 백납금白鑞金 양陽

(5) 임진壬辰 ⇒ 장류수長流水 양陽

3) 축오해丑午害

축丑 ⇒ **음**陰

(1) 을축乙丑 ⇒ 해중금海中金 음陰
(2) 정축丁丑 ⇒ 간하수澗下水 음陰
(3) 기축己丑 ⇒ 벽력화霹靂火 음陰
(4) 신축辛丑 ⇒ 벽상토壁上土 음陰
(5) 계축癸丑 ⇒ 상자목桑柘木 음陰

오午 ⇒ **양**陽

(1) 갑오甲午 ⇒ 사중금沙中金 양陽
(2) 병오丙午 ⇒ 천하수天下水 양陽
(3) 무오戊午 ⇒ 천상화天上火 양陽
(4) 경오庚午 ⇒ 노방토路傍土 양陽
(5) 임오壬午 ⇒ 양류목楊柳木 양陽

4) 신해해申亥害

신申 ⇒ **양**陽

(1) 갑신甲申 ⇒ 천중수泉中水 양陽
(2) 병신丙申 ⇒ 산하화山下火 양陽
(3) 무신戊申 ⇒ 대역토大驛土 양陽
(4) 경신庚申 ⇒ 석류목石榴木 양陽
(5) 임신壬申 ⇒ 검봉금劍鋒金 양陽

해亥 ⇒ **음**陰

(1) 을해乙亥 ⇒ 산두화山頭火 음陰
(2) 정해丁亥 ⇒ 옥상토屋上土 음陰
(3) 기해己亥 ⇒ 평지목平地木 음陰
(4) 신해辛亥 ⇒ 차천금鎈釧金 음陰
(5) 계해癸亥 ⇒ 대해수大海水 음陰

5) 인사해寅巳害

인寅 ⇒ **양**陽

(1) 갑인甲寅 ⇒ 대계수大溪水 양陽

(2) 병인丙寅 ⇒ 노중화爐中火 양陽

(3) 무인戊寅 ⇒ 성두토城頭土 양陽

(4) 경인庚寅 ⇒ 송백목松柏木 양陽

(5) 임인壬寅 ⇒ 금박금金箔金 양陽

사巳 ⇒ **음**陰

(1) 을사乙巳 ⇒ 복등화覆燈火 음陰

(2) 정사丁巳 ⇒ 사중토沙中土 음陰

(3) 기사己巳 ⇒ 대림목大林木 음陰

(4) 신사辛巳 ⇒ 백납금白鑞金 음陰

(5) 계사癸巳 ⇒ 장류수長流水 음陰

6) 유술해酉戌害

유酉 ⇒ **음**陰

(1) 을유乙酉 ⇒ 천중수泉中水 음陰

(2) 정유丁酉 ⇒ 산하화山下火 음陰

(3) 기유己酉 ⇒ 대역토大驛土 음陰

(4) 신유辛酉 ⇒ 석류목石榴木 음陰

(5) 계유癸酉 ⇒ 검봉금劍鋒金 음陰

술戌 ⇒ **양**陽

(1) 갑술甲戌 ⇒ 산두화山頭火 양陽

(2) 병술丙戌 ⇒ 옥상토屋上土 양陽

(3) 무술戊戌 ⇒ 평지목平地木 양陽

(4) 경술庚戌 ⇒ 차천금鎈釧金 양陽

(5) 임술壬戌 ⇒ 대해수大海水 양陽

원진살怨嗔殺에 대하여

서로 미워하고 싫어하면서 상대방에 대하여 불평불만不平不滿만을 가지게 된다는 살殺이다. 부부간에 의견이 맞지 않아 충돌이 심하고 재물을 탕진하고 이별하지 않으면 풍파風波가 멈추지 않는 살殺이라고 한다. 시력이 떨어지고 사업이 잘되지 않으며 재혼再婚하는 사람이 많다고 한다.

지지별地支別로 오행五行이 배속配屬되어 있기 때문에 모든 것이 상생相生, 상극相剋, 상비相比한다.

1) 자미원진子未怨嗔

자子 ⇒ **양**陽	**미**未 ⇒ **음**陰
(1) **갑자**甲子 ⇒ **해중금**海中金 **양**陽	(1) **을미**乙未 ⇒ **사중금**沙中金 **음**陰
(2) **병자**丙子 ⇒ **간하수**澗下水 **양**陽	(2) **정미**丁未 ⇒ **천하수**天下水 **음**陰
(3) **무자**戊子 ⇒ **벽력화**霹靂火 **양**陽	(3) **기미**己未 ⇒ **천상화**天上火 **음**陰
(4) **경자**庚子 ⇒ **벽상토**壁上土 **양**陽	(4) **신미**辛未 ⇒ **노방토**路傍土 **음**陰
(5) **임자**壬子 ⇒ **상자목**桑柘木 **양**陽	(5) **계미**癸未 ⇒ **양류목**楊柳木 **음**陰

간략하게 설명하면 다음과 같다.

갑자甲子 ⇒ 해중금海中金 양陽,

을미乙未 ⇒ 사중금沙中金 음陰은 상비다.

갑자甲子 ⇒ 해중금海中金 양陽,

정미丁未 ⇒ 천하수天下水 음陰은 상생이다.

갑자甲子 ⇒ 해중금海中金 양陽,

기미己未 ⇒ 천상화天上火 음陰은 원진살이다.

갑자甲子 ⇒ 해중금海中金 양陽,

신미辛未 ⇒ 노방토路傍土 음陰은 상생이다.

갑자甲子 ⇒ 해중금海中金 양陽,

계미癸未 ⇒ 양류목楊柳木 음陰은 원진살이다.

병자丙子 ⇒ 간하수澗下水 양陽,

을미乙未 ⇒ 사중금沙中金 음陰은 상생이다.

병자丙子 ⇒ 간하수澗下水 양陽,

정미丁未 ⇒ 천하수天下水 음陰은 상비다.

병자丙子 ⇒ 간하수澗下水 양陽,

기미己未 ⇒ 천상화天上火 음陰은 원진살이다.

병자丙子 ⇒ 간하수澗下水 양陽,

신미辛未 ⇒ 노방토路傍土 음陰은 원진살이다.

병자丙子 ⇒ 간하수澗下水 양陽,

계미癸未 ⇒ 양류목楊柳木 음陰은 상생이다.

무자戊子 ⇒ 벽력화霹靂火 양陽,

을미乙未 ⇒ 사중금沙中金 음陰은 원진살이다.

무자戊子 ⇒ 벽력화霹靂火 양陽,

정미丁未 ⇒ 천하수天下水 음陰은 원진살이다.

무자戊子 ⇒ 벽력화霹靂火 양陽,

기미己未 ⇒ 천상화天上火 음陰은 상비다.

무자戊子 ⇒ 벽력화霹靂火 양陽,

신미辛未 ⇒ 노방토路傍土 음陰은 상생이다.

무자戊子 ⇒ 벽력화霹靂火 양陽,

계미癸未 ⇒ 양류목楊柳木 음陰은 상생이다.

경자庚子 ⇒ 벽상토壁上土 양陽,

을미乙未 ⇒ 사중금沙中金 음陰은 상생이다.

경자庚子 ⇒ 벽상토壁上土 양陽,

정미丁未 ⇒ 천하수天下水 음陰은 원진살이다.

경자庚子 ⇒ 벽상토壁上土 양陽,

기미己未 ⇒ 천상화天上火 음陰은 상생이다.

경자庚子 ⇒ 벽상토壁上土 양陽,

신미辛未 ⇒ 노방토路傍土 음陰은 상비다.

경자庚子 ⇒ 벽상토壁上土 양陽,

계미癸未 ⇒ 양류목楊柳木 음陰은 원진살이다.

임자壬子 ⇒ 상자목桑柘木 양陽,

을미乙未 ⇒ 사중금沙中金 음陰은 원진살이다.

임자壬子 ⇒ 상자목桑柘木 양陽,

정미丁未 ⇒ 천하수天下水 음陰은 상생이다.

임자壬子 ⇒ 상자목桑柘木 양陽,

기미己未 ⇒ 천상화天上火 음陰은 상생이다.

임자壬子 ⇒ 상자목桑柘木 양陽,

신미辛未 ⇒ 노방토路傍土 음陰은 원진살이다.

임자壬子 ⇒ 상자목桑柘木 양陽,

계미癸未 ⇒ 양류목楊柳木 음陰은 상비다.

원진살怨嗔殺은 이렇게 설명이 된다. 서로 간에 차이는 있지만 자세한 것은 좋은 스승을 만나 배우기를 바란다. 원진살怨嗔殺은 여기서 생략한다. 이는 2상론二象論일 뿐이다. 4상론四象論, 8상론八象論으로 풀게 되면 더 자세하게 볼 수가 있는 것이 동양철학東洋哲學이다.

2) 묘신원진卯申怨嗔

묘卯 ⇒ **음**陰

(1) 을묘乙卯 ⇒ 대계수大溪水 음陰
(2) 정묘丁卯 ⇒ 노중화爐中火 음陰
(3) 기묘己卯 ⇒ 성두토城頭土 음陰
(4) 신묘辛卯 ⇒ 송백목松柏木 음陰
(5) 계묘癸卯 ⇒ 금박금金箔金 음陰

신申 ⇒ **양**陽

(1) 갑신甲申 ⇒ 천중수泉中水 양陽
(2) 병신丙申 ⇒ 산하화山下火 양陽
(3) 무신戊申 ⇒ 대역토大驛土 양陽
(4) 경신庚申 ⇒ 석류목石榴木 양陽
(5) 임신壬申 ⇒ 검봉금劍鋒金 양陽

3) 축오원진丑午怨嗔

축丑 ⇒ **음**陰

(1) 을축乙丑 ⇒ 해중금海中金 음陰
(2) 정축丁丑 ⇒ 간하수澗下水 음陰
(3) 기축己丑 ⇒ 벽력화霹靂火 음陰
(4) 신축辛丑 ⇒ 벽상토壁上土 음陰
(5) 계축癸丑 ⇒ 상자목桑柘木 음陰

오午 ⇒ **양**陽

(1) 갑오甲午 ⇒ 사중금沙中金 양陽
(2) 병오丙午 ⇒ 천하수天下水 양陽
(3) 무오戊午 ⇒ 천상화天上火 양陽
(4) 경오庚午 ⇒ 노방토路傍土 양陽
(5) 임오壬午 ⇒ 양류목楊柳木 양陽

4) 진해원진辰亥怨嗔

진辰 ⇒ **양**陽

(1) 갑진甲辰 ⇒ 복등화覆燈火 양陽

(2) 병진丙辰 ⇒ 사중토沙中土 양陽

(3) 무진戊辰 ⇒ 대림목大林木 양陽

(4) 경진庚辰 ⇒ 백납금白鑞金 양陽

(5) 임진壬辰 ⇒ 장류수長流水 양陽

해亥 ⇒ **음**陰

(1) 을해乙亥 ⇒ 산두화山頭火 음陰

(2) 정해丁亥 ⇒ 옥상토屋上土 음陰

(3) 기해己亥 ⇒ 평지목平地木 음陰

(4) 신해辛亥 ⇒ 차천금釵釧金 음陰

(5) 계해癸亥 ⇒ 대해수大海水 음陰

5) 인유원진寅酉怨嗔

인寅 ⇒ **양**陽

(1) 갑인甲寅 ⇒ 대계수大溪水 양陽

(2) 병인丙寅 ⇒ 노중화爐中火 양陽

(3) 무인戊寅 ⇒ 성두토城頭土 양陽

(4) 경인庚寅 ⇒ 송백목松柏木 양陽

(5) 임인壬寅 ⇒ 금박금金箔金 양陽

유酉 ⇒ **음**陰

(1) 을유乙酉 ⇒ 천중수泉中水 음陰

(2) 정유丁酉 ⇒ 산하화山下火 음陰

(3) 기유己酉 ⇒ 대역토大驛土 음陰

(4) 신유辛酉 ⇒ 석류목石榴木 음陰

(5) 계유癸酉 ⇒ 검봉금劍鋒金 음陰

6) 사술원진巳戌怨嗔

사巳 ⇒ **음**陰

(1) 을사乙巳 ⇒ 복등화覆燈火 음陰

(2) 정사丁巳 ⇒ 사중토沙中土 음陰

(3) 기사己巳 ⇒ 대림목大林木 음陰

(4) 신사辛巳 ⇒ 백납금白鑞金 음陰

(5) 계사癸巳 ⇒ 장류수長流水 음陰

술戌 ⇒ **양**陽

(1) 갑술甲戌 ⇒ 산두화山頭火 양陽

(2) 병술丙戌 ⇒ 옥상토屋上土 양陽

(3) 무술戊戌 ⇒ 평지목平地木 양陽

(4) 경술庚戌 ⇒ 차천금釵釧金 양陽

(5) 임술壬戌 ⇒ 대해수大海水 양陽

주역周易에 따른 일주 육십갑자 2상론二象論

1) 화火의 기운

(1) 천상화天上火: **무오**戊午 ⇒ **양**陽, **기미**己未 ⇒ **음**陰

밝게 빛나는 태양의 기운처럼 삼라만상森羅萬象을 비춰주는 기운이다. 불이 위로만 향하는 기질이지만 이 기운은 위아래, 동서남북東西南北 빠짐없이 비춰주는 따스한 기운이다. 삼라만상을 기르고 키우는 성질로 그 장엄함은 이루 말할 수 없다. 타인에 대한 배려와 대지를 비춰주는 사랑은 두루 원만하면서 모나지 않고 변함이 없다.

자신보다는 타인에 대한 연민으로 늘 웃는 모습과 따스한 손길을 내미는 기운이며, 그 어떤 욕심에서도 벗어나 머무는 바 없이 베푸는, 참여리고 착한 마음이다. 늘 꿈을 꾸듯 더 좋은 세상, 더 좋은 그 무언가를 좇는 이상주의자理想主義者이다.

핵심단어 느긋하다. 여유롭다. 한가롭다. 넉넉하다. 내리사랑이다. 너그럽다. 따뜻하다. 온화하다. 측은지심惻隱之心이 있다. 배려하는 마음이 넓다. 배타적排他的이지 않다. 매사에 긍정적 사고방식을 지니고 있다. 타인의 뒤를 봐준다.

게으르다. 이상만을 꿈꾼다. 뒤가 무르다. 책임감이 현저하게 떨어진다. 행동이 앞서기보다는 말이 먼저 앞서는 경향이 강하다. 현실감이 떨어진다.

(2) 벽력화霹靂火: 무자戊子 ⇒ 양陽, 기축己丑 ⇒ 음陰

그 넓은 허공을 가르면서 찰나刹那에 빛을 내었다가 사라지는 번갯불이다. 삼라만상森羅萬象을 순간에 일깨우고 본연의 제 모습으로 돌아가는 뻔뻔함이 있다. 타인에 대한 배려하는 마음보다는 스스로의 견해나 의지를 끝끝내 관철貫徹시키려고 한다. 일의 동기나 과정보다는 결과만을 좇으면서 급하게 서두르는 기질이다. 일 처리에 있어서는 쾌할快活하지만 그 끝이 완성도完成度가 떨어진다.

일확천금一攫千金을 노리는 성격에 순간의 번뜩이는 지혜도 있지만 그 급한 성격으로 인하여 주위 사람을 당황하게 만들고 힘들게만 한다. 뒤끝이 작렬하는 성질이며, 또한 비위를 맞추기도 힘들고 제 성질을 이기지 못해 스스로 까무러치는 못난이다. 깜짝 이벤트야 상대방을 즐겁게 하지만 이유 없이 화내는 일에 있어서는 상대방이 어이없고 당황스러운 일이 아니겠는가.

핵심단어 무척 급하다. 어이없다. 급급하다. 기다리지 않는다. 제멋대로다.

기운이 넘친다. 앞뒤 분간, 천지 분간을 하지 못한다. 무조건 밀어댄다. 남의 말을 듣지 않는다. 사람을 놀라게 한다. 대책 없이 일을 저지른다. 우선 해보고, 또 먹고 보자는 심보다. 뜻을 굽히지 않는다. 지나간 일에 미련이 없다. 생각하지 않는다. 순간의 판단을 따른다. 판단력이 빠르다. 순간 적응 능력이 뛰어나다. 눈먼 돈이 뭉텅이로 떨어진다. 임기응변臨機應變에 능하다.

차갑다. 큰소리만 친다. 되던 일에 코를 빠트린다. 재수 없다. 급하게 내지르고 제 몸만 피한다. 뻔뻔함이 있다. 뒷말이 많다.

(3) 산두화山頭火: 갑술甲戌 ⇒ 양陽, 을해乙亥 ⇒ 음陰

산봉우리 그 꼭대기에서 내려다보는 기운으로 사방四方을 둘러보고 직성, 직감直感이 뛰어나다. 타인의 시선을 의식하지 않고 개의치 않은 성격이며, 지극히 머리가 뛰어나고 멀리 내다보는 눈이 밝다.

명분名分이 선다면 목숨을 아끼지 않고 움직이며, 마지막까지 신뢰를 주는 성격에 최선을 다한다. 삼세번은 용서를 하는 성격이지만 그 이후로는 등을 돌려버리는 냉정함을 지니고 있다. 스스로의 본분本分을 잃지 않고 외로움을 즐기는 성격에 차가운 시선으로 세상사를 내려다본다. 그러나 이유 없이 사람을 내치거나 배타적排他的으로 변하는 성격은 아니다. 오히려 구하고자 한다면 아낌없이 내주고 이끌어주는 인도자引導者의 길을 간다. 현실로부터 도망가는 것이 아니라 오히려 지금 처한 난제難題를 풀기 위해 노력하는 사람이다.

핵심단어 대의명분大義名分을 찾는다. 잘못하면 오만傲慢하게 내려다본다.

직감直感이 빠르다. 머리가 무척 좋다. 직성이 강하다. 지극히 독단적獨斷的이다. 외롭다. 주변에서 말이 많다. 끌어내리려는 사람들이 많다. 시기와 질투의 대상이다. 가만히 있어도 삿대질한다. 성직자聖職者가 많다. 타인을 이끌어주는 힘이 강하다. 리더십이 있다. 아는 소리를 한다.
할 땐 하지만 게으를 땐 무척 게으르다. 너무 앞서간다. 지극히 자기 생각에 빠져 산다. 자신이 최고인양 착각을 한다. 오만하고 교만하기가 쉽다. 깔고 뭉개는 기질이 있다.

(4) 산하화山下火: 병신丙申 ⇒ 양陽, 정유丁酉 ⇒ 음陰

불이 붙어버리면 온 산을 한꺼번에 태우는 화끈한 성질이다. 흥興하면 흥하고 망亡하면 망하는 기운이다. 흥할 때는 좋지만 망할 때는 너무 크게 망하는 까닭으로 일어서기가 어렵다.

지극히 현실적現實的이며, 이상理想을 꿈꾸거나 바라고 원하기보다는 바로 눈앞의 잇속에 밝으며, 거친 세상사속으로 거침없는 말과 행동으로 밀고 가는 행동가行動家이다. 산하화山下火는 물이 꼭 필요한 기운이라 긴 강물을 만나면 좋고, 더불어 큰 숲을 만나면 크게 길吉한다.

활활 타오를 때는 거침없이 타오르고 잠잠할 때는 스스로를 잠재우고 납작 엎드리는 현명함도 있다. 불의 기운이 위로만 향한다지만 뜻이나 생각, 행동은 현실을 직시하는 듬직한 기운이다.

핵심단어 매우 현실적現實的이다. 되바라진 성격이다. 솔직하다. 거짓이 없다. 자신의 뜻이나 생각이 완강頑剛하다. 화끈하다. 미적거리지 않는다. 일의 끊고 맺음이 확실하다. 미련을 떨지 않는다. 뜨겁다. 뻔뻔하지 않다. 의리義理가 있다. 큰 정情을 준다.
불리하면 남에게 덮어씌운다. 몸이 고단孤單하다. 몸을 줌에 있어 대수롭지 않다. 너무 몰아댄다. 목소리가 크다.

(5) 노중화爐中火**: 병인**丙寅 ⇒ **양**陽**, 정묘**丁卯 ⇒ **음**陰

스스로의 생각이나 뜻을 안으로 감추고 속을 끓이는 성격이다. 사소한 일이라도 노심초사勞心焦思하면서 근심이나 걱정을 만들며, 뜨거운 기운을 안으로 쌓기만 한다. 때문에 마음의 병이 크고 한 번 쓰러지면 일어날 힘이 약하다.

화롯불의 따스함을 지닌 정이며, 인간미가 넘치지만 지극히 가정적으로만 흐른다. 자칫 잘못 세상을 알면 몸과 마음을 버리는 미련함이 있다. 스스로를 볶아치는 기운이기 때문에 늘 한쪽 가슴을 부여잡고 슬픔을 삭이며, 스스로의 몸과 마음을 태우면서 기다림에 지치는 성격이다. 손을 내밀어 잡아주지 않으면 매사에 마음의 병으로 싸여 오랜 세월을 힘들어하는 성격이다.

핵심단어 안으로 삭힌다. 끙끙댄다. 속을 끓인다. 근심 걱정이 떠날 날이 없다. 자기밖에 모른다. 배려하는 마음이 적다. 자신을 알아주길 바란다. 미련을 떤다. 가정적이다. 사소한 일에 목숨을 건다. 집요執要하게 파고든다. 외롭다. 슬프다. 아프다. 안으로 감춘다. 뜨거운 가슴을 안고 산다. 작은 정情에 집착한다.

지극히 자기중심적自己中心的이다. 편협偏狹된 사고방식이 있다. 부지런을 떨며 몸과 마음을 혹사酷使시킨다. 화火가 많다. 욱하는 성질을 감추지만 한꺼번에 터트린다. 사소한 일에 몸져눕는다.

(6) 복등화覆燈火: 갑진甲辰 ⇒ 양陽, 을사乙巳 ⇒ 음陰

작은 등잔의 불로서 등잔 밑이 어둡다 하듯이 식견識見이 좁고 마음이 작으며, 욱하고 한 번에 일을 저지르는 변덕쟁이다. 한순간에 사그라지는 호롱불로서 제 앞가림도 못 하면서 똑똑한 척 나서길 좋아하고 졸렬拙劣한 말과 행동으로 등을 돌리기가 일수다. 제 잘난 멋에 사는 성격이다. 스스로의 작은 잣대로 세상사를 재고 사람을 판단하면서 한쪽으로 치우치는 성격이며, 이해득실利害得失에 따라 앞뒤 가리지 않고 잇속을 챙긴다.

이해득실利害得失 앞에 이합집산離合集散하면서 타인의 그림자에 숨어 제 잇속만을 챙기고 스스로의 잘못이나 허물에 대하여 변명과 핑계만을 늘어놓고 등을 돌리는 못된 성격이다. 불의 기운이 위로 향한다지만 복등화覆燈火는 어느 쪽으로도 향하지 못하고 제 앞길만을 비추면서 엎어지고 깨진다. 자신의 뜻과는 다르게 배신의 길을 걷기 쉽고 신뢰를 잃어버리며, 금방 좋아하다가 금방 싫어하는 기운이다. 제 기분이 좋으면 하하거리고 기분이 나쁘면 바로 내뱉는 기질이다. 잇속 앞에서 바로 등을 돌리고 엎어버리는 성격이며, 밥상을 걷어차고 남에 밥그릇까지 깨버린다. 말과 행동이 신중하지 못하고 처음은 좋지만 마지막은 믿음을 깬다.

핵심단어 배신의 길을 간다. 그 끝이 좋지 않다. 편협偏狹된 사고방식이 강하다. 지극히 기분파氣分派다. 싫증을 금방 느낀다. 마음 그릇이 매우 작다. 순간에 욱한다. 잇속에 밝다. 잇속을 따라 이리 붙었다, 저리 붙었다 한다. 고마움을 모른다. 제 잘난 멋에 산다. 느끼하다. 매사에 잰다. 모든 것이 매우 짧다. 싫고 좋음이 뚜렷하다. 기분이 나쁘다. 더럽게 생색을 낸다. 자기 위주로 생각하고 배려하는 마음이 없다. 강한 자 앞에 약하고 약한 자 앞에서는 강하다. 타인의 권세나 명성, 재물 따위에 기댄다. 남에 것을 자기 것인 양 군다. 무조건 엎어대는 기운이다. 앞뒤 가리지 않고 화부터 낸다. 행동보다 말이 많고 말이 앞선다. 스스로의 잘못이나 허물을 인지하지 못한다.

2) 수水의 기운

(1) 천하수天下水: 병오丙午 ⇒ 양陽, 정미丁未 ⇒ 음陰

모든 물의 형상形相으로 넉넉하고 자애로운 기운이다. 더럽고 깨끗함을 떠나 선입감先入感을 가지고 있지 않으며, 나누어 밝히려는 분별심分別心도 없고 타인의 모든 견해를 되도록 모두 수용하려는 기운이다. 때문에 오지랖이 넓다고 하는 것이며, 자신의 일보다는 타인의 아픔이나 슬픔, 기쁨 따위에 깊은 연민憐愍을 지니고 있다. 타인에 대한 배려하는 마음으로 인하여 잘못 알면 우유부단優柔不斷해 보이지만 그리 우유부단한 성격이 아니며, 오히려 이해와 수용하는 마음이 크다.

욕심이 없어 보이지만 욕심이 많은 기운이며, 마음의 씀씀이가 너무 크기 때문에 보이지 않은 것일 뿐이고 명예나 체면, 권위보다는 인간적인 면에 삶의 초점을 맞춘다. 그러기 위해서 스스로의 자존감自尊感을 낮추는 기질이며, 서로 어울리기를 좋아하고 다툼을 피하면서 넉넉한 생각으로 주변을 끌어안은 기운이다.

사소한 일에 상처를 받지 않고 작은 그릇으로는 그 마음을 헤아릴 수 없으며, 좋든 싫든 내색하지 않은 까닭으로 물에 술탄 듯 술에 물탄 듯 넘어가려는 것처럼 보인다. 때문에 많은 사람과 교류하면서 잦은 분쟁이 따르는 편이고 이 일에 연연하지 않으면서 두루 원만한 인간관계人間關係를 이끌어가는 기운이다.

핵심단어 오지랖이 넓다. 모든 것을 수용收用하려고 한다. 착하다. 남의 부탁을 거절 못한다. 남의 애경사哀慶事에 몸과 마음을 다한다. 정情이 많다. 눈물이 많다. 감수성感受性이 예민하다. 풍만하다. 편하다. 사람을 좋아한다. 배려하는 마음이 넉넉하다. 원만하다. 좋으나 싫으나 늘 웃음으로 맞이한다. 사람이 좋다 한다. 호인好人이다. 따지지 않는다. 내 집안일은 못해도 남의 집안일에는 열성熱誠이다. 털털하다.

게으르다. 버리지 못하고 모아두기를 잘한다. 정리정돈이 되지 않는다. 물건들이 산만하게 흩어져있다. 이래도 저래도 마음만은 편하게 가진다.

(2) 대해수大海水**: 임술**壬戌 **⇒ 양**陽**, 계해**癸亥 **⇒ 음**陰

거친 바다로 거침없이 발길을 내딛는 기운이다. 복잡한 세상사 속으로 고단한 육신을 끌고 거침없이 나선다. 거칠고 차가운 세파世波에 시달리면서 스스로를 키워가는 기운이며, 바다와 같은 마음을 배워 가진다. 한순간의 잘못된 판단으로 폭풍 속에 내던져지는 상황이 벌어지고 그 순간을 감당해야만 한다. 때문에 말과 행동을 신중하게 하는 것이며, 때로는 거칠고 사납게 구는 것이다.

무리를 이끌고 가는 큰 배의 선장으로서 희생하는 기질이며, 거친 파도에 대항對抗하여 머뭇거림 없이 나서버리는 성격이다. 변화가 많은 바다의 상황에 대처해야 하는 까닭으로 늘 긴장의 연속이다. 물이 아래로만 흐르는 기운이라지만 큰 그릇에 담긴 물의 기운으로 그 깊이나 역량을 헤아릴 수는 없다. 한 번 파도가 치면 만 번의 파도가 친다 하였다. 잠잠할 때는 조용하지만 부여된 동기가 크다면 크나큰 변화를 가져오는 기운이다.

핵심단어 거칠다. 두려움을 가지지 않는다. 미련도 두지 않는다. 리더십이 있다. 깊이를 알 수가 없다. 끈끈한 정情이 있다. 투박하다. 부드럽거나 정겨운 모습보다는 딱딱하고 경직된 모습을 보인다. 속이지를 못한다. 스스로를 희생한다. 속마음을 드러내지 않는다. 혼자 감당하려고 한다. 남에 손을 빌리지 않으려고 한다. 아부를 떨지 못한다.

독선적이다. 자신의 의지를 관철貫徹시키려 한다. 한번 정하면 타인의 말을 듣지 않으려고 한다. 고집스러운 면이 있다. 좋으면 좋고 싫으면 싫다는 선이 분명하다. 융통성이 부족하다.

(3) 장류수長流水: 임진壬辰 ⇒ 양陽, 계사癸巳 ⇒ 음陰

대지를 가로지르는 노도怒濤와 같은 강물의 흐름, 그 기운이다. 아래로 향하려는 물의 기운이며, 생명수로서 많은 것을 살리기도 하고 죽이기도 하는 기운이다. 방대尨大한 그 기운이 흐름을 방해하거나 가로막으면 거칠게 무너뜨리고 때론 부드럽게 우회迂回하는 기운도 있다. 매사에 미련을 두지 않고 앞으로만 나아가는 기질이며, 감정적일 때는 지극히 감정적으로 흐르지만 이성적일 때는 지극히 이성적이라 상대방에게 큰 상처를 주는 기운이다. 스스로도 상처를 받지만 흐름의 기운을 멈추지 않은 까닭으로 그 상처마저도 잊고 가는 기운이다.

남이 자신을 알아주길 바라지 않으며, 타인에 대해서도 무관심하고 알려고 하는 기질도 아니다. 다만 무언無言으로 생명수를 나르면서 그 기운을 아낌없이 보태는 기운이며, 오롯이 자신의 길을 가는 기운이다. 미련을 떨거나 재촉하지도 않고 늘 유유자적悠悠自適하게 흐르면서 머물 땐 머물고 흐를 땐 흘러가는 기질이다.

냉정하고 이성적이라지만 지극히 융통성融通性을 지닌 기질로 되도록 수용하고 함께 가는 성질이 있다. 까닭이 없는 이유를 들어 타인을 배척排斥하거나 색안경을 끼지 않은 성격이며, 나름 자연스러운 흐름을 지킬 수 있도록 노력하는 기질이다. 인류 탄생의 시초始初를 지닌 기운이기도 하지만 한 번의 실수로 온 마을, 도시를 없애기도 하는 기운이다.

핵심단어 말보다 행동이 앞선다. 유유자적悠悠自適이다. 미련을 두지 않는다. 말이 없다. 지극히 이성적이다. 마음의 깊이를 알 수가 없다. 놀기 좋아한다. 뒷심이 강하다. 갈 땐 가고 멈출 땐 멈출 줄 안다. 융통성融通性이 있다. 함께 하기를 원한다. 냉정해 보이지만 정情이 많다. 타인의 뒤를 잘 봐준다. 가고자 하는 길을 꼭 가고야 만다. 말리지 못한다. 돌고 도는 삶이다. 버릴 때는 가차 없다. 혹하는 마음이 없다. 제 의지대로 앞으로만 가려고 한다.

(4) 대계수大溪水**: 갑인**甲寅 **⇒ 양**陽**, 을묘**乙卯 **⇒ 음**陰

큰 산을 양옆에 끼고 흐르고 싶은 대로, 그 모양 그대로 흐르는 기운이다. 위에서 아래로만 향하는 물의 기운으로 스스로의 마음을 그대로 드러내는 솔직함이 있다. 스스로의 잘남을 자랑하며 내보이고, 계곡의 격렬激烈한 흐름을 몸으로 보여주면서 차가운 이성을 따르는 성격이다. 감정 표현을 가감加減 없이 그대로 드러내고 또 즉각 반응하면서 스스로의 뜻이나 생각 따위를 솔직히 드러내는 기운이다.

매사에 일 처리는 시원시원하지만 음주가무飮酒歌舞와 사람과 어울리는 일에 몸과 마음을 다하는 기운이기도 하다. 때문에 씀씀이가 버는 이상만큼 큰 편이며, 감정을 그대로 드러내면서 살아가지만 한쪽으로 치우친 사고방식으로 인하여 극단적極端的인 길을 가기도 한다. 그렇다고 지나간 일에 대해서 후회를 하거나 미련을 두는 성격이 아니다.

의심으로 인한 잦은 다툼이 많으며, 말과 행동으로 다 드러나는 기운이라 좋을 때는 좋다고 하지만, 좋지 않을 때는 잡생각에 치우치는 성격이다. 말과 행동이 신중하지 않지만 인심을 잃거나 버림을 받은 기운이 아니다. 굴곡진 삶을 살아가며, 타인에게 상처를 주면서 배려하는 마음이 없이 제 뜻대로 나아가는 기질이다. 앞을 막으면 타고 넘어서 가고 수단과 방법을 가리지 않고 목적대로 이루고야 마는 기질이다.

핵심단어 본인이 기분 좋을 때 쾌활하다. 함께 어울려 노는 것을 좋아한다. 음주가무飮酒歌舞를 즐긴다. 일 처리가 시원하다. 할 만큼 하고 논다. 감정적인 변화가 심하다. 자신에 대한 말이나 소문에 대해 매우 민감하게 반응한다. 분위기 파악이 빠르다. 번 만큼 더 쓴다. 모든 것이 헤프다. 말과 행동이 가볍다. 기분파氣分派다. 천렵川獵하기를 좋아한다. 캠핑을 좋아한다.
생색生色을 많이 낸다. 잘난 척을 너무한다. 감정적인 변화에 따라 변덕이 심하다. 의부증疑夫症, 의처증疑妻症이 있다. 의심이 많다. 생각이 많다.

(5) 천중수泉中水: 갑신甲申 ⇒ 양陽, 을유乙酉 ⇒ 음陰

생명수生命水를 이른다. 깊은 샘물로 온갖 짐승의 생명수로 또 한 마을에서는 가정의 생명수가 된다. 샘물이 마르면 사람이 떠나야 하듯 인간의 욕심이 하늘을 찌르면 물이 마른다. 이렇듯 지극히 냉정하면서 지극히 이성적이고 차가운 성정性情을 지니고 있다. 차가운 이성理性을 앞세우는 까닭으로 매우 현실적現實的이면서 무척 계산적計算的이고 자기중심적自己中心的인 사고방식으로 무장武裝하고 있다. 내 것과 남에 것에 대한 계산이 정확하고 한 방울의 물이라도 계산하고 들어가는 성격이다. 곧 차가운 이성적 판단 아래 지극히 매정하게 구는 성격이며, 심할 정도로 깍쟁이다.

타인에게 스스로의 잘못이나 허물을 보이지 않기 위해 부단히 노력하며, 만일 그럴 때에는 모든 것을 부정하면서 자신의 뜻이나 생각을 굽히지 않는다. 스스로의 자리나 위치에서 변화가 오는 것을 싫어하며, 편안한 현실에 안주安住하면서 자기중심적인自己中心的인 행복만을 꿈꾸는 기운이다. 한쪽으로 치우친 성격에 편협偏狹한 사고방식을 보이지만 그래도 몸과 마음을 희생한다. 본인을 지키기 위해 자기중심적自己中心的인 사고방식으로 무장武裝하고 지키는 맹한 구석이 있다.

쉽게 마음을 열지 않으며, 감정의 기복起伏이 심하지 않고 일을 앞에 두고 당황하지 않으면서 냉담하게 주시注視하는 성격이다. 때문에 연습보다는 실전實戰에서 강하며, 당돌하고 상식에서 벗어난 행동을 하며, 동전 하나 놓치지 않고 손에 쥐는 기운이다.

핵심단어 차갑다. 이성적이다. 계산적計算的이다. 자기중심적自己中心的이다. 이해득실利害得失 앞에 냉담해진다. 깍쟁이다. 불리하면 모든 걸 부정한다. 자신에 대한 말이나 소문에 매우 민감하다. 지극히 현실적現實的이다. 변화를 싫어한다. 싸가지가 없다. 손해라도 볼 것 같으면 입을 다문다. 필요한 말만 하고 냉정하게 돌아선다.
마음을 쉽게 열지 않는다. 모든 가치를 돈으로 환산換算한다. 스스로의 잘못이나 허물을 깊숙이 감춘다. 도도한 척을 한다. 똑똑한 척을 한다. 접근하기가 어렵다. 차가운 사랑을 한다.

(6) 간하수澗下水: 병자丙子 ⇒ 양陽, 정축丁丑 ⇒ 음陰

사이사이로 간간하게 흐르는 물의 흐름이다. 흐른다는 의미로만 존재하는 기운으로 매우 미미微微한 기운을 이른다. 매우 신뢰성信賴性이 떨어지며, 주어진 동기가 강하든, 약하든 달라지는 것이 없고 때에 따라서는 사라지는 기운이다. 조금만 가물어도 금방 사라지는 건천乾川

이다. 때문에 매사每事에 될 듯, 말 듯 뜸을 들이며, 하는 일은 많은데 얻은 소득은 매우 적다. 또한 생사生死를 오락가락한다는 기운이라 늘 어려운 상황에 봉착逢着한다.

스스로의 힘만으로는 이루기가 힘든 기운으로서 타인의 도움이 절실하다. 뒤를 밀어주어도 난 사람이 되지 못하고 늘 뒷전으로 밀리면서 잔머리만 쓰는 기운이다. 된 사람으로 나선다 해도 됨됨이가 잘은 기운이라 뒤로 밀린다. 든 사람으로 나선다 해도 늘 작고 가늘고 잔생각 때문에 자신의 자리를 잃고 또 잊히는 기운이다. 시야視野가 지극히 좁아서 목전目前의 자잘한 잇속에만 눈독을 들이고 타인을 배려할 겨를도 없이 잽싸게 낚아채는 간교奸巧함이 있다. 때문에 큰일을 도모圖謀하지 못한다. 이해득실利害得失에 따라 간에 붙었다 쓸개에 붙었다 한다.

핵심단어 간사奸邪하다. 간교奸巧하다. 잔머리를 쓴다. 머리 굴리는 소리가 들린다. 잔머리 굴리는 상황이 다 보인다. 간에 붙었다 쓸개에 붙었다 한다. 씀씀이가 잘다. 잇속 앞에서 머리를 쓴다. 매사每事가 힘들다. 잔돈을 모아 큰돈을 만든다. 생각이 짧다. 시야視野가 좁다. 배려하는 마음보다 잇속에 급急하다. 잔돈푼은 떨어지지 않는다.

창피한 것을 모른다. 잘못이나 허물을 인지하지 못한다. 잘못이나 허물을 당연하다는 듯이 생각한다. 사기꾼은 아니나 사기꾼에 가깝다. 하는 짓이 한 대 때리고 싶다. 말과 행동에 책임감이 없다. 편협偏狹하다.

3) 목木의 기운

(1) 대림목大林木**: 무진**戊辰 **⇒ 양**陽**, 기사**己巳 **⇒ 음**陰

큰 숲을 이룬 수많은 나무의 기운으로 경쟁이 심하다. 지나는 바람을 머금고 제자리를 지키는 기운이며, 세상의 소식에 민감하며 직접적直接的으로나 간접적間接的 경험經驗을 통하여 학문적學問的으로 완성도完成圖를 높이는 기운이다. 타고나기를 식복食福, 재복財福, 인복人福을 타고나며, 배움이 크다면 자신이 가진 것을 키우고 늘리겠지만 배움이 작다면 자신이 가진 것을 남에게 빼앗기고 이용만 당한다. 웃기는 건 타인이 이 기운을 가지고 서로 가지려 다툼을 벌인다는 것이다.

가진 자로서의 교만함이나 자만심自慢心은 스스로를 망치는 길이다. 넉넉하고 똑똑하며, 세상사에 밝고 학식과 경험이 풍부하다 하더라도 타인을 위해 크게 베풀거나 감싸주는 자애自愛로운 기운이 아니다. 스스로의 만족을 위해 겉으로 드러내는 것이며, 지극히 고상한 척, 대인大人인 척 포장을 하면서 스스로를 감추는 기운이다. 깊은 숲속을 보면 빛이 들지 않는 곳이 있듯이 스스로의 잘못이나 허물을 감추고 포장하는데 매우 능한 기운이다.

핵심단어 너그러워 보인다. 넉넉하다. 가진 것이 많다. 풍족하다. 세상사 소식에 대해 많이 안다. 배움에 욕심이 많다. 위신威信이나 체면, 권위 따위를 중요하게 생각한다. 주변에서 사람이 많이 따른다. 지극히 권위적이다. 자기 사람을 무척 아낀다. 학식이 높다. 아는 게 많다.

내면의 욕심을 감추고 대인大人인 것처럼 위장한다. 큰 잘못이나 허물 따위를 교묘하게 포장한다. 자기만족自己滿足을 위해 부드러운 이미지로 만들어 간다. 속이는 일이 많다. 자만심自慢心이 강하다.

(2) 송백목松柏木: 경인庚寅 ⇒ 양陽, 신묘辛卯 ⇒ 음陰

일 년 사계절 늘 푸른 나무다. 유독 자존심이 강하고 남에게 지지 않으며, 부러질지언정 휘어지지 않는다. 요행僥倖을 바라는 마음이 없으며, 매사每事에 똑 부러지는 기운이다. 다른 사람의 지적질이나 질책叱責에 매우 신경질적神經質的이고 반발反撥이 강하다. 어떻든 논리적으로 자신을 합리화合理化시키며, 자존심을 지킨다. 남을 배려하는 마음이 눈곱만큼도 없고 허리를 꼿꼿하게 세우면서 명예나 권위權威, 체통體統 따위를 굳게 지킨다.

타인의 잘못이나 허물에 대해서는 가차 없이, 봐주는 일이 없이 지적하고 가르치면서 자신의 뜻이나 생각을 받아들일 때까지 집요執拗하게 파고든다. 남의 일에도 주제넘게 나서서 훈수訓手를 두며, 마음 한 자락 내어주지 못하는 성격이다. 스스로의 잘못이나 허물, 여린 마음을 분명하게 인지하면서도 그 잘난 자존심 때문에 허리를 세우고 눈을 부릅뜨고 입을 앙다무는 기질이다. 매사에 뚜렷한 명분名分을 세우면서 지위고하地位高下를 떠나 깐족댄다.

핵심단어 콧대를 세운다. 지적질이 심하다. 깐족댄다. 잘난 척을 엄청 한다. 훈수訓手를 잘 둔다. 주제넘게 나선다. 신경질적神經質的이다. 잘 가르친다. 자존심이 강하다. 허리가 꼿꼿하다. 말하는 게 논리적이고 합리적合理的이지만 따발총이다. 차분하다. 엄嚴하다. 지극히 권위적이다. 자기중심적自己中心的이다. 깔끔하다.

죽어도 할 말은 하고 산다. 무조건 자신을 정당화正當化시킨다. 몰아세운다. 집요執拗하게 파고든다. 정말 무척 피곤한 타입이다. 지난 일을 뒤집어 상기想起시킨다. 앙칼지다. 자기 것은 중요하고 남의 것은 중요하지 않다.

(3) 양류목楊柳木**: 임오**壬午 **⇒ 양**陽**, 계미**癸未 **⇒ 음**陰

바람에 하늘거리는 버드나무다. 현재를 따르면서 세상사를 부드럽게 헤쳐 나간다. 많은 사람이 대화를 나누어도 한 사람, 한 사람의 말을 귀담아들으면서 정확하게 분류한다. 타인의 말에 귀를 기울일 줄 알고, 밝게 보고, 올바르게 파악하는 머리가 좋은 기질이다. 상대방의 의중意中을 정확하게 알고 비위脾胃를 맞추면서 처신과 처세에 능하다. 또한 상대방에 대한 배려하는 마음을 잃지 않는다.

길게 흐르는 강물에 마음을 두고 살아가지만 인지할 수 있는 능력을 최대한 깨워 스스로가 처한 상황이나 처지處地를 지혜롭게 풀어간다. 강압적强壓的인 성격이 아니며, 매사每事에 합리적合理的이고 보편적普遍的인 이론을 따르고 한쪽으로 치우친 편협偏狹한 사고방식이 아니라 다른 의견이라도 종합적綜合的으로 조합調合하는 넓은 마음과 시야視野를 지녔다. 노는 것을 좋아하고 인간관계人間關係가 두루 원만하며, 주어진 여건 하에서 스스로를 변화시킬 줄 아는 지혜를 가지고 있다. 세상사에 쉽게 적응해가면서 자신의 끼를 발산하는 기질이며, 연예인 기질이 매우 강하다. 가르치는 일에도 능수능란能手能爛하며, 위험에 대처하는 능력이 매우 좋다.

핵심단어 여유롭다. 눈치가 빠르다. 똑똑하다. 예쁘다. 말과 행동이 착착 감긴다. 배려하는 마음이 있다. 종합적綜合的이다. 합리적合理的이다. 고집을 피우지 않는다. 지극히 부드럽다. 인간관계人間關係가 좋다. 주변에 사람들이 많이 따른다. 추종자追從者가 있다. 사람의 눈과 마음을 가린다. 유혹한다. 눈웃음을 잘 친다. 사람들이 잘 넘어간다. 유독 사람들이 예뻐하고 너그럽게 대한다. 귀여움을 독차지한다.
본인에게는 까다롭다. 잘못하면 한량에 기생 팔자다. 연예인이 많다. 끼가 많다. 인맥을 관리한다. 인생을 쉽게 살려고 한다.

(4) 평지목平地木: 무술戊戌 ⇒ 양陽, 기해己亥 ⇒ 음陰

넓은 들판에 홀로 서 있는 나무다. 혼자 있다는 외로움과 늘 저 멀리 지평선地平線을 바라보며 꿈을 꾼다. 다가오는 기운을 막지도 못하고 가는 기운을 잡지도 못하는 참 여린 성격이다. 온몸을 내던져 몸과 마음을 다해도 결국 돌아오는 것은 늘 혼자라는 막연한 두려움이다. 때문에 사랑을 그리워하고 사랑을 찾아 밤을 새워 거리를 방황한다.

바른 가르침을 배우거나 깨우치면 큰 나무가 되어 큰 그늘을 이루어 외롭지 않겠지만 깨우침과 배움이 없다면 그저 땔감이나 순간의 이용가치利用價値로 전락轉落하면서 너무도 큰 상처를 입는다. 주변으로부터 주목注目을 받으면서 적군敵軍과 아군我軍이 항상 함께하는 기운이니,

이를 가리지 못하고 경거망동輕擧妄動하면 이용만 당하고 버림을 받는다. 때문에 말과 행동을 신중히 해야 하는 것이며, 타인의 조언이나 충고를 귀담아들어야 한다. 남이 한마디 하면 10마디, 20마디를 하면서 스스로를 똑똑하게 내세우지만 늘 구석으로 몰리는 기운이다. 중요한 것은 귀를 기울이는 것이니, 늘 타인의 조언이나 지적에 귀를 기울이고 스스로의 잘못이나 허물을 빠르게 인정하고 또한 타인의 잘못이나 허물에 대해서도 관대寬貸해야 한다. 그리고 자신의 잘못이나 허물에 대해 너무 몰인정沒人情하게 굴지 말고, 타인의 잘못이나 허물에 대해서도 지극히 비판적批判的인 말과 행동을 버리고 이해의 폭을 넓혀야 한다.

논리적이고 합리적合理的인 사고방식을 지녔지만 매우 감성적感性的인 성격이라 눈물이 많고 애정이 많은 나무의 기운이다. 스스로의 외로움이나 슬픔을 거두고 스스로를 기르고 키우는 일에 노력해야만 큰 나무가 될 수 있다.

핵심단어 하나를 알면 열을 아는 것처럼 군다. 똑똑한 척한다. 한마디 하면 10마디, 20마디 한다. 말대꾸가 심하다. 타인의 말에 무조건 반발한다. 남의 말에 귀를 기울이지 않는다. 말과 행동이 신중하지 못하다. 배움에 대한 열의가 대단하다. 호기심이 많고 크다. 똥인지 된장인지 먹어보고야 만다. 외롭다. 상처를 잘 받는다. 타인에게 의지하려 한다. 때를 따라 희생한다.
이용당하기 쉽다. 논리적이고 합리적이지만 속이 빈 강정이 많다. 토사구팽兎死拘烹 당하기가 쉽다. 항상 무언가 쫓기듯 바쁘다. 조금만 띄워주면 다 내주고 으스대며, 매우 잘난 척을 잘한다. 깐족대다 매를 번다. 절단나기가 쉽다.

(5) 석류목石榴木**: 경신**庚申 **⇒ 양**陽**, 신유**辛酉 **⇒ 음**陰

빨간 열매를 자랑하는 석류石榴나무다. 지극히 섬세한 감성적感性的 기질로 사물을 바라보는 시야視野가 남다르다. 그 이면의 세상을 보면서 표현을 잘하고 그 시선이 찬찬하면서 세밀하다. 그러므로 감각이나 감정 따위가 여린 듯 하면서도 매우 날카로우며, 스스로의 세상에 대하여 꼼꼼하게 살핀다. 주어진 여건餘件이나 환경에 약한 모습을 보이고, 대처능력은 부족하지만, 그 상처 속에서 스스로를 세워가는 노력을 아끼지 않는다.

매우 여리면서도 날카로운 감성적인 성격으로 인하여 자존심을 곧게 세우지만 본래 타고나기를 잔정이 많고 눈물이 많으며, 지극히 감정적이기에 많은 아픔을 가슴에 묻고 살아간다. 수많은 상처를 받으면서도 스스로의 여린 그 마음을 버리지 못하는 어리석음도 있다.

타인의 충고나 지적에 지극히 예민한 반응을 보이고 스스로의 감정을 감추지 않고 곧 드러내는 여린 기운이다. 때문에 간섭받는 것을 싫어하고 스스로 할 때는 능동적能動的이고 적극적積極的이지만 남이 시키면 바로 손을 놓고 거북한 반응을 보인다. 간섭만 하지 않으면 무사무난無事無難한 성격에 참으로 여리고 순하면서 섬세한 감성을 지녔다. 세밀한 손재주도 타고났지만 감성이나 감각이 섬세한 까닭으로 사상적思想的 이면의 세계를 드러내고 심화深化시킨다.

스스로의 여리고 순한 모습을 감추기 위해 까칠하고 깐깐한 모습을 보이지만 한번 정情을 주면 끝까지 신뢰하고 믿음을 준다.

핵심단어 까칠하다. 잘 삐친다. 손재주가 좋다. 섬세하다. 예쁘다. 잔정이 많다. 마음이 여리다. 예술적 감각이 좋다. 예민하다. 머리가 좋다. 상대방의 눈치를 본다. 한쪽으로 치우친다. 사람을 좋아하고 싫어하는 것이 얼굴에 드러난다. 정에 휩쓸린다.

자기중심적自己中心的이다. 이해하려고 노력한다. 자기밖에 모른다. 약간의 고집이 있다. 무언가에 미치면 그대로 감정이입感情移入이 된다. 눈물이 많다. 상처가 많은 삶을 산다.

(6) 상자목桑柘木: 임자壬子 ⇒ 양陽, 계축癸丑 ⇒ 음陰

고집이 매우 세고 자기중심적自己中心的인 사고방식에 더하여 무척 이기적이다. 타인의 조언이나 충고를 아예 무시하고 오로지 자신의 뜻이나 생각만을 중요하게 여긴다. 합리적合理的이고 올바른 말이나 행동에 대한 충고나 지적을 받아들이지 못하고 자신만을 내세우며, 황당한 이유나 핑계로 사람을 당황하게 만들고 말문을 막히게 만든다. 무책임하고 막무가내莫無可奈 기질이 있다. 스스로의 잘못이나 허물은 인정하지 않고 모든 것을 남의 탓으로 돌리면서 불평불만不平不滿만을 늘어놓는다. 가까운 이를 위하여 희생을 하지만 해주고도 욕을 먹으며, 희생한 만큼 복을 받지 못한다.

자기가 하는 일은 무조건 옳고 남이 하는 일은 부정하면서 눈앞에서는 긍정적肯定的이지만 뒤돌아서면 도의道義에 어긋나는 말과 행동으로 이중적二重的인 잣대를 보인다. 때문에 스스로를 고립시키고 외롭게만 만든다. 스스로의 말이나 행동을 필요에 따라 바꾸면서 책임을 지지 않으려고 하며, 오히려 방귀 뀐 놈이 성을 낸다고 했듯이, 스스로의 잘못이나 허물을 남에게 덮어씌우고 스스로의 못된 자존심만을 세우는 어리석음이 있다. 물론 크게 희생을 한다지만 타고난 황소고집으로 그 뒤가 아름답지 못하고 온갖 잦은 다툼으로 순탄치 않은 삶을 살아가면서 외로움에 몸을 떠는 기질이다.

핵심단어 고집이 매우 세다. 막무가내莫無可奈다. 자기밖에 모른다. 이기적이다. 자기가 사랑하면 예쁜 사랑이고 남이 하면 불륜이다. 뻔뻔하다. 얼굴에 철판 깔았다. 닭발 먹고 오리발 내민다. 철저한 자기 합리화이다. 말을 쉽게 바꾼다. 사람을 당황하고 황당하게 만든다. 말문을 막히게 한다. 자기 멋대로다. 순탄하지가 않다. 앞에 말과 뒤에 말이 틀린다. 자아도취自我陶醉가 심하다. 희생하여 잘 해주고도 좋은 소리를 듣지 못한다.
스스로의 잘못이나 허물을 인정하지 않는다. 또 이를 인지하지 못한다. 좋은 것은 자기 탓, 좋지 않은 것은 남의 탓으로 돌린다. 덮어씌우기를 잘한다. 지독한 사랑을 한다.

4) 금金의 기운

(1) 금박금金箔金: 임인壬寅 ⇒ 양陽, 계묘癸卯 ⇒ 음陰

금金에다 다시 한 번 금을 입힌 것이다. 스스로의 감정이나 감성을 쉽게 드러내지 않고 안으로 감추는 무거운 기운이다. 한 번 내뱉은 말이나 약속은 절대 철회撤回하지 않으며, 스스로의 말과 행동에 책임감이 무겁고 스스로의 잘못이나 허물에는 핑계를 대지 않고 그대로 시인是認하고 바꾸는 강한 기질이다. 올바르고 밝은 일에는 커다란 융통성融通性을 보이지만 편협偏狹되거나 옳지 않은 일에 대해서는 전혀 융통성을 보이지 않는다.

매사每事에 자신의 의지대로 이끌고 가지만 감정적이지 않으며, 지극히 이성적이고 현실적現實的이며, 세상사를 직시直視하는 눈이 분명하고 스스로의 감정을 조절하는데 능숙하다. 그러나 타고난 성정性情이 단단한 까닭으로 인하여 처신과 처세에 능能하지 못하고 말주변이 없지만 올바른 일에는 대의명분大義名分을 세우고 절대로 굽히지 않는다. 어떠한 상황에 처하더라도 처음의 마음을 잃지 않고 본래本來의 의무를 다하며, 모든 잘잘못을 끌어안고 간다.

한 집안의 가장, 한 조직의 책임자責任者, 한 사회의 지도자指導者로서의 자질資質을 지닌 기질로 때를 만나면 그 빛을 발하는 기운이다. 때때로 독단적獨斷的이면서 무겁게 가는 성격이지만 카리스마를 안으로 감추고 스스로를 낮추는 기운이다.

핵심단어 단단하다. 귀貴해 보인다. 이성적이다. 합리적合理的이다. 능동적能動的이다. 적극적積極的이다. 책임감이 있다. 굽히지 않는다. 아부할 줄을 모른다. 고지식하다. 머리를 굴릴지 모른다. 처신과 처세에 능하지 못하다. 말보다는 행동이 앞선다. 매사에 신중함을 보인다. 지도자指導者의 자질資質이다. 말주변이 없다. 명분名分에 강하다. 자존심이 강하다. 주변에서 사람이 따른다. 귀貴함을 받는다.

권위적이다. 독단적獨斷的인 면이 강하다. 어찌 보면 고집불통固執不通이다.

남의 말을 귀담아듣지 못한다. 있는 그대로 드러내는 기운이다. 거짓을 모른다. 명예욕名譽慾이 있다.

(2) 검봉금劍鋒金**: 임신**壬申 **⇒ 양**陽**, 계유**癸酉 **⇒ 음**陰

칼날과 칼등을 하나로 지닌 단단한 금金의 기운이다. 잘잘못에 대한 판가름이 정확하고 분명하며, 매사에 끊고 맺음이 확실하다. 아군我軍과 적군敵軍에 대한 기준이 명확하고 매사에 공사公私가 뚜렷하고 융통성融通性이 부족하며, 카리스마를 유감遺憾없이 보인다. 때문에 말이나 행동으로 상대방에게 상처를 주며, 또 스스로 상처를 받기도 하면서 늘 외로워한다.

생사여탈권生死與奪權을 지닌 기운으로 안과 밖으로 늘 냉담冷淡한 말과 행동을 보인다. 말과 행동에 절도節度가 있으며, 신중하면서 그 뒤끝이 야무지다. 스스로의 잘못이나 허물에 대하여 가차 없고 타인의 잘못이나 허물에 대해서도 가차 없는 처벌을 하면서 매사에 공평무사公平無私하다.

사람들이 두려워하며, 또 무서워서 피하면서도 가까이하려는 행태를 보인다. 칼날과 칼등의 힘이라 매정하게 굴기는 하지만 현명하게 대처하는 기운이기 때문이다. 스스로의 감정이나 속마음을 내색하지 않고 강한 자존심을 지킨다. 처신과 처세에 그리 능하지는 못하지만 옳고 그름 앞에 올바른 판단을 하며, 스스로의 말과 행동을 바르게 지키면서 체면體面이나 체통體統을 차리고 지키고자 하는 것을 굳게 지키는 강한 기운이다. 지극히 권위적이면서 명예를 중요시重要視하고 미사여구美辭麗句를 싫어하고 아부할 줄을 절대 모른다. 굽히지 않으며, 늘 빳빳한 자존심을 지키는 강한 카리스마를 지니고 있다.

핵심단어 강한 카리스마를 지녔다. 말과 행동에 날이 선다. 상처를 준다. 독선적이면서 권위적이다. 감정이나 감성에 메마르다. 선線이 분명하다. 적군敵軍과 아군我軍이 정확하다. 가차 없다. 상벌賞罰이 정확하다. 끊고 맺음이 너무 강하다. 눈물이 없다. 독하다. 속마음이나 감정을 안으로 감춘다. 지닌 힘을 유감遺憾없이 휘두른다. 말과 행동에 거침이 없다. 자존심을 칼날처럼 세운다.

스스로의 의지가 너무 강하다. 보스 기질이다. 사람들이 많이 따른다. 저돌적豬突的이다. 매사에 명확明確하고 융통성融通性이 없다. 그러면 그렇고 아니면 아니다. 똑똑하다. 무리 속에서 튄다. 싸움을 걸거나 하기를 좋아한다. 승부욕勝負慾이 무척 강하다.

(3) 백납금白鑞金: 경진庚辰 ⇒ 양陽, 신사辛巳 ⇒ 음陰

주어진 상황이나 여건餘件에 따라 처신과 처세에 매우 지극히 능能한 기운이다. 특히나 언변言辯에 능해서 밀고 당기는 기술이 능란能爛하고 교섭交涉이나 화해和解에 큰 능력을 발휘한다. 또한 스스로의 이로운 점을 드러내어 스스로의 명예나 권위權威, 체면體面 따위를 세우는데 능력이 있다. 말 한마디로 천 냥 빚을 갚은 격이며, 자신의 위치를 굳건히 지키면서 주변에서 벌어지는 여러 가지의 분쟁에 나서서 그 실력을 인정받는다. 또한 분수에 넘치는 말이나 행동을 자제하는 기운이며, 스스로 명분名分을 세우고 그에 따르는 스스로의 신분을 높이면서 스스로의 위치를 깎아 먹지 않은 현명함이 있다.

능란能爛한 언변言辯으로 좌중座中을 압도하는 기운이지만 강한 카리스마보다는 깔끔한 신사다운 모습을 보인다. 그러면서 이목을 집중시키고 끊어서 단절斷絕시키는 것보다는 양쪽을 아우르면서 서로 상생相生을 시키는 기운이다. 그렇다고 아부나 떨거나 미사여구美辭麗句를 날리면서 스스로의 처지를 사정事情을 하는 기운이 아니며, 있는 그대로 논리적이면서 합리적合理的으로 판단을 하고 이끌고 가는 처세술處世術에 능하다. 의도적意圖的으로 생색을 내기도 하고 스스로를 내세우면서 든 척, 난 척, 된 척을 하지만 그렇게 미움을 받지는 않는다. 중재자仲裁者로서 이 세상에서 없어서는 안 될 좋은 기운이다.

핵심단어 말끔한 신사다. 말로써 한몫을 한다. 처신과 처세에 매우 능하다. 지극히 호감이나 신뢰를 준다. 똘똘하다. 목표의식目標意識이 강하다. 분수를 지킨다. 미움을 받지 않는다. 밀고 당기는 일의 고수다. 눈치가 빠르다. 사태파악事態把握을 잘한다. 지극히 이성적이면서 냉정하다. 스스로를 세울 줄 안다. 능력이 있다.

잘못하면 말로써 망한다. 말만 앞세워 사람을 능칠 수 있다. 구렁이가 담 넘어가듯 능글맞기도 하다. 어르고 뺨친다. 나이에 맞지 않게 언변言辯에 능하다. 말로써 상대방을 당황스럽게 만든다. 논리정연論理整然하다. 필요에 따라 아부나 거짓말을 한다.

(4) 해중금海中金**: 갑자**甲子 **⇒ 양**陽**, 을축**乙丑 **⇒ 음**陰

바다 속으로만 가라앉으려는 金의 기운이다. 숨이 차고 고된 삶에 지친 힘겨운 모습이지만 지극히 역동적力動的이고 치열熾烈한 삶의 모습을 보여준다. 드넓은 바다를 상대로 그 누구에게도 의지依支하지 않는 채 거칠게 나아가는 모습이다. 자신에 대한 믿음뿐이며, 모든 삶의 책임을 홀로지고 주어진 상황이나 환경에 적응하면서 그 삶의 무게를 홀로 감당勘當하는 모질고 모진 기운이다. 말을 하지 않고 입을 다무는 방법으로 스스로를 대변代辯하고 그 어떠한 어려움에 봉착逢着하더라도 그 어떤 변명이나 핑계, 신음 소리 한 번 내지 않고 무던하게 이끌어가는 기운이다.

죽음 앞에 서더라도 주어진 의무나 맡은 바 소임所任을 다하고 단내나는 숨을 몰아쉬면서 한 집안을 일으킨다. 돌아오는 것은 더욱 무겁게 짊어지는 고단孤單함이다. 그렇다고 불평불만不平不滿을 겉으로 드러내지 않으며, 그저 몸과 마음을 다해 스스로를 희생하고 머무는바 없는 마음으로 스스로의 책임을 다하고 후회 없는 삶을 살아간다. 견디기 힘든 외로움이지만 주어진 여건餘件이나 환경 속에서 지독한 행복을 만들어내고 만족하면서 타인의 따스한 위로의 말 한마디를 듣지 못하고 삶을 마감한다. 삶의 고단함에 무너질 듯도 하지만 무너지지 않은 강인强忍함이 있으며, 넓은 아량雅量으로 세상을 끌어안고 이해한다. 또한 거칠고 고되며 막막하지만 늘 겸손한 몸과 마음으로 최선을 다하는 모질고 질긴 기운이다.

핵심단어 삶이 거칠다. 모질다. 인내심忍耐心이 강하다. 말이 없다. 투박하다. 말보다는 행동이 앞선다. 힘든 일을 도맡아 한다. 자갈치 시장 아줌마다. 손이 거칠다. 말과 행동도 거칠고 투박하다. 애정표현愛情表現이 서툴다. 어색하다. 우악스럽다. 책임감이 무겁다. 말없음으로 자신을 표현한다. 변명, 핑계를 대지 않는다. 고지 곧 대로 고지식하다. 융통성融通性이 별로 없다.

삶의 무게가 무겁다. 모든 책임을 다 지고 산다. 한집안을 일으키고도 대접을 받지 못한다. 여자는 사랑을 받지 못한다. 막내로 태어나도 한 집안의 가장이다. 욕되고 힘든 일을 도맡는다.

(5) 차천금鎈釧金**: 경술**庚戌 **⇒ 양**陽**, 신해**辛亥 **⇒ 음**陰

여러 가지 쇠붙이로 된 장신구裝身具를 이른다. 물론 순금, 24k, 18k 따위를 이르는 금의 기운을 말한다. 이것저것 유별나게 따지고 분별하는 것을 좋아하며, 드러난 쇠붙이에 대해 의미를 부여附與하고 소유所有하려는 욕심이 강하다. 자신 앞에 놓인 밥상으로 생각하고 지독한 편식偏食을 하며, 한쪽으로 치우친 사고방식으로 잣대를 들이댄다. 드러난 사물을 분석하고 판단하는 능력은 좋으나 늘 하나하나 따지다가 알짜배기는 놓치고 제 것을 눈앞에서 빼앗기는 기운이다.

따지기를 좋아하지만 솔직하다. 그러나 커다란 잇속 앞에서는 스스로의 속내를 분명하게 드러내고 좋은 것이라면 어떻게든 제 앞으로 돌리는 기지奇智를 보인다. 좋고 나쁜 것에 대한 분명한 눈을 지니고 있으며, 드러난 사물에 대하여 밝은 시야視野와 사고방식을 지닌 것은 맞다. 그러나 따지고 드는 분별分別하는 마음으로 인하여 늘 허점이 드러나는 기운이다. 때문에 말과 행동에 신중을 기해야하는 기운이다. 단한 번의 잘못된 판단이나 실수로 인하여 스스로의 명예나 체면體面, 위신威信 따위를 깎아먹은 일이 다반사茶飯事인 기운이다. 드러난 사물만을 따지고 드는 것이 아니라 인간관계人間關係에 있어서도 복잡하게 따지는 일로 인하여 오해를 받으면서 힘들어한다. 또한 가치판단價値判斷에 있어서 인위적人爲的으로 만든 가치에 따라 움직이는 까닭으로 믿음과 의리를 지키지 못한다. 다만 스스로의 잘못이나 허물에 대해 솔직하기 때문에 미움을 받지 않지만 사실 그 꼴이 사납기는 하다.

핵심단어 매사에 따진다. 까다롭다. 아무것도 아닌 것을 그럴싸하게 만든다. 잘 속는다. 뒤끝이 여리다. 의리가 부족하다. 신뢰도信賴度가 떨어진다. 피곤疲困하게 만든다. 편식偏食을 한다. 차 떠난 뒤에 손 흔든다. 기회를 놓친다. 불평불만不平不滿이 많다. 말과 행동이 따로 논다. 욕심이 많다. 생각이 많다. 한쪽으로 치우치는 사고방식이다. 충고나 조언을 받아들이지 않는다. 자기 자신이 잘났다.

너무 따지다가 좋은 것을 놓친다. 짜증이 나는 타입이다. 열 받게 한다. 생각이 많아서 알아듣지 못한다. 한 대 때리고 싶은 욕망을 불러일으킨다. 스스로가 똑똑하다고 착각한다.

(6) 사중금沙中金: 갑오甲午 ⇒ 양陽, 을미乙未 ⇒ 음陰

모래밭에 흩어져있는 조각난 금의 기운이다. 말이나 행동, 모습이나 모양 따위가 겉치레에 몸과 마음을 다한다. 스스로 고상한 척 포장을 하고 말과 행동이 신중해 보이지만 가벼움을 벗어나지 못하며, 행동보다는 말이 앞서면서 변명이나 핑계를 앞세운다. 분수에 넘치는 일을 벌이고 책임을 지지 못한다.

매우 감상적感傷的이면서 자기중심적自己中心的인 세상을 살아가고 무척 게으른 편이며, 자신을 치장治裝하기 위해서는 바지런을 떤다. 분위기에 쉽게 휩싸이고 그에 따라 감정의 기복이 심한 편이며, 말이나 행동이 바로바로 달라진다. 때문에 비위를 잘 맞추고 처신과 처세에 능해 보이지만 수가 매우 얕다. 그러므로 처음에는 호감을 주지만 갈수록 그 바닥이 보이는 까닭으로 신뢰감信賴感을 잃는다.

분수에 맞지 않은 화려함을 꿈꾸고 현실적現實的이지 못하며, 일확천금一攫千金을 바란다. 타인의 감언이설甘言利說이나 유혹에 무척 약하고 쉽게 넘어가며, 늘 돈에 쫓기면서도 겉치레를 벗어나지 못한다. 충동구매衝動購買가 심한 편이다. 삶에 대한 분명한 판단기준判斷基準이 없이 겉으로 드러나는 허영심虛榮心을 쫓으면서 스스로의 참된 모습을 잃고 오랜 세월을 헛수고로 보낸다. 자신에게 주어진 여건이나 상황을 고려하지 않고 무리수無理數를 두는 성격이다.

핵심단어 유혹에 약하다. 분위기를 탄다. 화려한 것을 좋아한다. 겉치레를 좋아한다. 분수에 넘치는 일을 저지른다. 책임감이 없다. 감정의 기복起伏이 심하다. 쉽게 넘어간다. 들어가면 흩어진다. 쉽게 화나고 쉽게 풀어진다. 자신의 잘못이나 허물을 잘 인지하지 못한다. 일확천금一攫千金을 노린다.

분위기를 잡는다. 욱하는 성격이다. 뒷심이 약하다. 말과 행동에 신뢰감信賴感이 떨어진다. 화려한 기교技巧가 있다. 말이 많다. 변명이나 핑계를 일삼는다. 늘 허기진 배와 마음, 정신을 지니고 있다. 재물이 모아지지 않는다.

5) 토土의 기운

(1) 노방토路傍土**: 경오**庚午 **⇒ 양**陽**, 신미**辛未 **⇒ 음**陰

넓게 트여있는 대지의 활달한 기운이다. 기운이 넘치고 그 어디로 튈지 모르는 기질이다. 늘 무계획적無計劃的으로 움직이며, 목표나 목적을 두지 않는다. 한군데 정착定着하기가 힘들고 사고방식이 자유분방自由奔放하다. 융통성融通性을 보인다지만 융통성이 아닌 혼란스럽게 뒤엉키는 기운이다. 타고난 꿋대야 거침없고 호기심好奇心이 왕성旺盛하다는 것이다. 때문에 동서남북東西南北으로 치닫는다.

대지의 기운이 만물萬物을 소생시키고 기르는 것이라면 이 노방토路傍土의 기운은 수많은 경험經驗을 통하여 스스로 살아나는 기운이다. 보금자리에 만족하지 않고 여러 곳을 일찌감치 다니면서 스스로의 그릇을 키워간다. 다만 너무 큰 자신감自信感으로 만용蠻勇을 부리기가 쉽고 말과 행동이 신중하지 못하며, 만나고 헤어지는 일을 너무 쉽게 생각하는 경향이 있다. 지평선地平線을 바라보며 허황된 꿈을 꾸는 경우가 많은 것이니, 현실적現實的이기보다는 쓸데없이 몸과 마음을 다하는 기운이기도 하다.

끈기가 부족하고 쉽게 싫증을 느끼며, 그 커다란 호기심好奇心으로 일을 저지르고 멀리 도망가는 기운이기도 하며, 때때로 그러한 무책임無責任으로 인하여 스스로를 옭아맨다. 너른 지평선을 내달리는 호기好氣로운 기운이지만 풍족한 들판이면 미래를 보장받지만 황량荒凉한 들판이라면 그 삶이 제대로 정착을 못하고 오랜 세월 떠돌게 된다. 한 손이라도 잡아줄 인연이 필요한 기운이니, 필요 충분한 조건이라면 순탄한 삶을 살지만 그렇지 않다면 심신이 고달프다.

핵심단어 럭비공이다. 정신이 없다. 산만散漫하다. 호기심好奇心이 너무 크다. 어린 나이에 타향他鄕을 떠돈다. 순하고 착하다. 무책임無責任하다. 정情이 많다. 미련이 없다. 허황된 꿈을 꾼다. 어수선하다. 말이나 행동이 정리가 안 된다. 이랬다저랬다 한다. 종잡을 수 없다. 인연을 잘 만나야 한다. 허송세월虛送歲月하기가 쉽다. 호방豪放한 기운이다. 의심이 없다. 솔직하다.
책임을 지지 않는다. 쉽게 만나고 쉽게 헤어진다. 양다리를 잘 걸친다. 제 마음을 다스리지 못한다. 한자리에 오래 머물지를 못한다. 말이나 행동이 중구난방衆口難防이다. 스스로가 스스로를 믿지 못한다. 일을 뻥뻥 잘 저지른다.

(2) 대역토大驛土: 무신戊申 ⇒ 양陽, 기유己酉 ⇒ 음陰

옛날로 치면 역관驛館, 여관旅館을 이르는 땅의 기운이다. 손이 크고 대문을 활짝 열고 베풀기를 좋아한다. 사람이 모여들고 많은 말들이 오가면서 정情이 흐르는 대지이다. 융통성融通性이 좋으며, 있는 곳을 덜어 없는 곳을 채워주고 마음 한구석에 인간적人間的인 정情이 흐른다. 타인의 배고픔을 먼저 배려하는 마음이며, 남을 탓하기보다는 한쪽 어깨를 내주어 쉬게 해주고 따스한 손을 먼저 내민다. 잦은 다툼이 일기도 하지만 소소한 정이 오가는 소리일 뿐 염려할 바는 아니다. 걱정스러운 마음에 거들어주는 말일 뿐 알고 보면 서로를 위하는 말이다. 넉넉히 베풀고 내색하지 않으며, 늘 겸손한 마음을 잃지 않고 머무는 바

없는 마음으로 감싸는 기운이다. 때에 따라서는 오해 아닌 오해를 받지만 사람이 좋아서 그런 것일 뿐 속이 좁은 소견所見으로는 잴 수 없는 마음 그릇이다.

자신을 좋아한다는 착각을 일으킬 만큼 정을 주는 까닭으로 다툼이 일기도 하지만 두루 원만한 인간관계人間關係로 인하여 큰 탈이 없고 서로가 돈독敦篤해지는 결과를 얻는다. 많은 사람이 오가며 좋지 않은 소문도 일지만 그때일 뿐 늘 북적이는 대지의 기운이다.

핵심단어 손이 크다. 5인분이 10인분이 된다. 남을 먼저 배려한다. 순하고 착하다. 주변에 사람이 모인다. 오가는 잔정이 많다. 따스하다. 정이 많다. 그 누구를 가리지 않고 마음을 쓴다. 식복食福과 인복人福을 타고났다. 인정이 많다. 손을 내밀어준다. 한쪽 어깨를 내어주어 기대게 한다. 의지가 된다.
오해를 받는다. 조금의 푼수 기질이 있다. 오지랖이 있다. 모든 일에 관여關與를 하려 한다. 내일이 아니더라도 몸과 마음을 다한다. 준다면 속옷까지 벗어서 준다. 먹을 것에 욕심이 많다. 무조건 밥부터 먹여서 배부르게 한다.

(3) 성두토城頭土: 무인戊寅 ⇒ 양陽, 기묘己卯 ⇒ 음陰

사대문四大門을 세우고 안과 밖을 경계警戒하며 서 있는 성벽의 기운이다. 모든 것을 관할하고 보호하며, 성문을 굳게 지키는 기운이다. 규칙이 조금은 엄하고 잔소리가 많으며, 매사에 엄중嚴重하게 따져 물으면서 스스로의 소임所任을 다한다.

밖으로부터의 소식에 민감하게 반응하며, 자신의 일에 몸과 마음을 다하고 가정적家庭的이기는 하나 지극히 독선적인 면을 보인다. 그렇다고 억지를 부리거나 잘못된 길을 제시하지 않으며, 정당하고 올바른 길을 가리키고 이를 강요하는 것뿐이다.

가정에 대한 애착愛着이 강하고 이를 지키기 위해 명분名分이나 위신威信, 자존심을 지키며, 가까운 이웃이나 지인들이 위험에 처하면 목숨을 아끼지 않고 나선다. 늘 성 밖을 주시注視하면서 경계를 게을리하지 않고 부지런하며, 유비무환有備無患의 성격으로 미리 앞서 준비를 한다. 이웃 간의 분쟁紛爭을 조정調整하고 두루 원만한 관계로 이끄는 기운이며, 늘 앞과 뒤를 생각하면서 빈 곳을 찾아 메우는 기운이다. 궂은일을 마다하지 않고 맡은 바 소임을 다하는 책임감 있는 성주城主를 이른다. 많은 무리가 따르는 보스의 기질도 지니고 있다.

핵심단어 규칙이 많다. 잔소리가 심하다. 노심초사勞心焦思한다. 성안의 모든 일에 관여한다. 엄嚴하다. 가정적家庭的이다. 제 식구, 제 이웃을 끔찍하게 생각한다. 경계警戒가 심하다. 빈틈을 보이지 않으려 한다. 한 성의 성주城主로서 책임을 다한다. 미리 준비한다. 현명하다. 시야가 넓다. 적군敵軍과 아군我軍을 분명하게 가린다. 단호한 면을 지니고 있다. 사람이 휘하麾下에 모인다. 정이 많다.

무리를 이끄는 카리스마가 있다. 칼을 휘두른다. 단호할 땐 너무 단호하다. 생각이 미리 앞서는 경우가 있다. 미리 앞서서 걱정한다.

(4) 옥상토屋上土: 병술丙戌 ⇒ 양陽, 정해丁亥 ⇒ 음陰

지붕의 흙, 곧 옥상에 있는 흙의 기운을 이른다. 오로지 제 가족, 남편과 자식만을 위한다. 집안의 어른이나 부모 등에 관심이 없다. 무관심하다. 의식주를 챙겨주기 위해 몸과 마음을 사리지 않으며, 지극히 이기적이지만 제 가족을 위해서라면 모든 것을 희생한다. 곧 자신의 몸과 마음을 사리지 않고 수단과 방법을 가리지 않는다. 오직 앞만을 보고 가며, 옆을 보지 않고 한 우물만 파는 기질이다. 한쪽으로 치우친 사고방식으로 세상사를 판단하고 그 좁은 시야視野로 인하여 다툼을 일으킨다.

자신의 뜻이나 생각에 어긋나거나 화가 나면 지위고하地位高下, 남녀노소男女老少를 가리지 않고 화를 풀어댄다. 인간관계人間關係가 두루 원만하지가 않고 부모형제지간父母兄弟之間이라 하더라도 늘 서먹한 관계로 끌고 간다. 스스로의 잣대로 분별分別하고 나누어 밝히는 까닭으로 일반적一般的이면서 상식적常識的인 것을 혼잡하게 만들면서 나중에는 스스로가 혼란스러워한다. 타인의 충고나 조언은 아예 무시하고 이해득실利害得失을 떠나 한 우물만 파는 아둔함이 있다. 융통성融通性은 눈곱만큼도 없고 타인의 조언이나 충고에 기분이 나빠 몇 날 몇 달을 등을 돌린다. 한쪽으로 치우친 편협偏狹된 사고방식으로 인하여 외롭고 무거운 짐을 홀로 지고 힘든 삶을 산다.

핵심단어 말귀를 알아듣지 못한다. 아둔하다. 한 우물만 판다. 지극히 편파적偏頗的이다. 한쪽으로 치우친 사고방식이다. 스스로의 잘못이나 허물을 전혀 인지하지 못한다. 시야가 좁고 편협偏狹하다. 자기 가족밖에 모른다. 화나면 위아래가 없다. 고지식하다. 융통성融通性이 전혀 없다. 답답하다. 짜증난다. 슬퍼 보인다. 불쌍하다. 왜 사나 싶다. 끝끝내 몸과 마음을 가족을 위해 희생한다. 세상사에 부정적否定的이다.

오로지 제 생각만을 고집한다. 마음 한 자락도 내주지 못한다. 사랑을 모른다. 두루 원만하지 못하다. 다툼이 오래간다. 분쟁紛爭이 심하다. 등을 돌리면 서로 잊고 산다. 모난 돌이다. 각이 져 있다.

(5) 벽상토壁上土**: 경자**庚子 **⇒ 양**陽**, 신축**辛丑 **⇒ 음**陰

하늘만 휑하니, 덩그러니 뚫려 있고 사방四方이 막혀있는 흙의 기운이다. 타고난 성품이 안으로 숨어들어 가면서 세상사와 담을 쌓고 스스로의 세상 속으로 갇힌다. 스스로의 세상 외에는 경계警戒를 하고 조금이라도 자신에게 해害가 되거나 기분이 좋지 않으면 방문을 걸어 잠그고 꼼짝하지 않는다. 남의 말은 절대로 듣지 않으며, 한 번 들어간 재물은 쇳가루 하나 내놓지 않고 물론 자신을 위해 쓰는 것도 지독至毒할 정도로 아낀다.

자신의 잣대로 세상사를 판단하고 문틈으로 살짝 보이는 세상을 전부라고 스스로 합리화合理化시키면서 참 아둔하게 군다. 남의 말에는 귀를 완전하게 닫고 스스로의 잘못이나 허물을 전혀 인지하지 못한 채 자신을 정당화正當化시킨다. 이 기운은 가두고 풀어주지 않은 기운이며, 배려하는 마음이나 측은지심惻隱之心은 찾아볼 수가 없다. 독수공방獨守空房하며 불리하면 바로 잠수를 타고 연락이 두절된다. 가장 가까운 이를 속박束縛하고 구속拘束하면서 강아지 키우듯 하는 온갖 행위를 사랑이라고 우긴다. 자신을 따르면 사랑이고 따르지 않으면 사랑이 아니라고 한다. 그러므로 늘 의심하고 지독하게 따라붙으며, 집요할 정도로 간섭이 심하고 잔소리와 다그침이 너무 크다. 주변에서 뭐라고 하든지 막무가내莫無可奈로 아둔하게 군다.

핵심단어 갑갑하고 답답하다. 마음의 문이나 대문, 방문을 걸어 잠근다. 비상금非常金이 꼭 있다. 들어가면 나오지 않는다. 돈은 잘 모은다. 쓰지를 못한다. 자기 자신한테 쓰는 일에도 지독하다. 자린고비, 스크루지다. 남의 말을 듣지 않는다. 고립되기 쉽다. 이것저것 끌어 모으는 것이 정신병精神病에 가깝다. 마음 씀씀이가 작다. 시야視野가 너무 작다. 이성적이지도 감성적感性的이지도 않다. 자기만의 세상일 뿐이다. 쌓아놓고 행복해 한다.
불쌍하다. 다 부셔 버리고 싶다. 집착한다. 지독하다. 말 한마디 제대로 알아듣지를 못한다.

(6) 사중토沙中土: 병진丙辰 ⇒ 양陽, 정사丁巳 ⇒ 음陰

모래 가운데 흐트러져 있는 흙의 기운이다. 뭐 하나 제대로 뿌리를 박기 힘든 땅이다. 모래 섞인 바람에 눈이 아득해지고 눈뜬장님처럼 거친 사막을 건너는 어렵고 힘든 기운을 이른다. 재복財福, 인복人福 등 그 모든 것을 풍족豊足하게 이어받아 태어나더라도 지키기가 어렵다. 생명을 이어가기가 힘들다. 밑 빠진 독에 물을 붓듯 사라지는 재물이나 생명, 애정 따위가 늘 불안하다. 좋은 인연을 만나지 못하면 목숨뿐만 아니라 가지고 있는 모든 것이 위태危殆롭다. 제대로만 인연을 만난다면 모든 것을 필요한 만큼은 지킬 수가 있는 기운이다.

여리고 여린 이 기운은 이용을 당하거나 애먼 누명을 쓰고 고통苦痛을 불러들인다. 또 게으르고 늘 혼란스러우며, 스스로의 몸 하나마저도 세울 수가 없다. 늘 피곤하고 작은 작대기 하나 세울 수 없는 힘이라 어찌해 볼 수 없는 기운이다. 몸과 마음을 다한 희생을 하더라도 돌아오는 것은 허망虛妄함뿐이다. 권력權力, 재물, 권위權威 따위가 있을 때는 많은 사람이 따르지만 쇠락衰落의 기운이 보이면 언제 그랬냐는 듯 떠나는 사람들뿐이다. 때문에 자괴감自愧感에 극단적極端的인 말과 행동으로 스스로를 혹사시키면서 희한의 눈물을 흘린다.

서럽다 한들 이리도 서러울까. 원하고 찾은 것은 손에 쥐어지지 않고 멀리 달아나는 것을 잡고자 하는 기운을 따라 방황하는 외로움이다.

핵심단어 모든 것이 밑 빠진 독에 물 붓기다. 무척 게으르다. 몸이 약하다. 명이 짧다. 재물이 다 샌다. 무슨 일이든 이루기가 어렵다. 생각만 있지 행동으로 옮기지 못한다. 허虛하다. 정말 불쌍하다. 그 모든 것이 약하다. 스스로의 몸과 마음도 세우기가 힘들다. 눈물로 지샌다. 자학自虐한다. 포기가 빠르다. 아예 시작도 하지 않는다.

말만 무성茂盛할 뿐 드러나 보이는 것이 없다. 스스로의 게으름에 익숙하다. 따지지도 못한다. 모든 것이 다 새나간다. 사상누각沙上樓閣이다.

후 기

빛과 그림자에 의지하면서
깨달음의 그림자 뒤에 숨어있었다.
그 그림자가 전부인 양
난 그 그림자만을 쫓았다.
하늘의 그림자
땅의 그림자를 모두 버리고 그 그림자만 쫓았다.
이름의 그림자
글의 그림자
생각 속의 그림자
그 그림자 속으로 녹아들었다.
오욕칠정의 그림자 뒤에 숨어서
그 모든 것을 정당화시키고 합리화했다.
그리고는 그림자를 통해
빛을 찾으려 했다.
부모의 그림자 뒤에 숨어서
자신을 찾으려 했고

가없는 마음자리의 그림자 속에 숨어서
나를 알아주기를 바랐다.
사실 그 마음자리에는 그림자가 없다.
스스로 그림자를 만들어 자신을 숨긴 것이다.
깨달음의 그림자
그 흔적을 잡아먹었지만
본체는 그대로다.
본체를 그대로 둔 채
그림자 한구석에 걸터앉아 있으면서
깨우침의 그림자 그 끝자락을 잡고 흔들며
깨어나기가 싫었다.
팔만사천법문의 그림자 속에 숨어있으면서
지금도 깨어나기 싫어 게으름만 피운다.

2016년 달빛이 시원할 때
일지一智 **이건표**李健杓